Plus + Plus 영문 서한서식 작성법 *45*

Plus
Plus

영문 서한서식 작성법

이정식 편저

45

조은문화사

머리말

홈 스테이(home stay, 민박)를 한다 던지, 파티에 초대 받았을 때 THANK YOU 라고 써 "감사장"(thank you note)을 보내는 사람이 있지만, 이것이야말로 thank-you note 그 자체가 아닌가. 그러나 이걸로 감명을 받을 사람은 그다지 많지 않을 것은 확실하다.

우리나라 말에서도 정해진 형식을 사용한다는 것은 그런대로 의미가 있으며, 그러한 형식은 사람에게 나쁜 인상을 준다든지 까닭없이 싫은 느낌을 받지 않도록 최대 공약수적인 지혜가 집약되어 있으므로 누구라도 그러한 형식을 사용해야 하는 이유가 될 것이다.

본 서에서는 영어 세계에서 사용되고 있는 모든 서식의 견본을 하나씩 한데 모아서, 영어를 전혀 써 본 적이 없는 사람이라도 자신을 갖고 쓸 수 있도록 꾸며 보았다.

간단히 말하자면, "돌핀 호텔 503호실" 이라는 메모를 외국인에게 전해줄 때 어떻게 쓰면 좋을까 하고 머리를 갸우뚱하는 영문과 졸업생도 많이 있을 것이다. 그럴 때 Doiphin Hotel, 503. 이라고 쓰면 훌륭한 미니 영어가 된다는 사실을 알고 있다면, 영어를 말할 수 없는 사람이라도 당당하게 영어를 구사하고 있는 것이 되지 않을까.

누구를 초대할 때도 이름만 인쇄한 조금 큰 명함에
Wednesday, Dec. 5 7:30 to 9:30
(12월 5일 수요일 7시 반에서 9시 반까지) 라고 써서 손수 전해주는 경우도 있을 터이지만, 아무렇지 않게 이런 캐쥬얼(casual)한 초대장을 만드는 법을 알고 있는 것만으로도 영어 전체에 대한 자신이 우러나오도록 한 것이 본서의 효과중의 하나가 될 것이다.

본 서에의해 영문 서식 전반에 관한 이해와 자신을 갖게 하여 그 지식을 실제로 응용함으로써 영어 생활이 보다 유쾌하고, 보다 효율적인 보탬이 되기를 바란다.

contents

Formula Basic

[서식 기초지식]

영문 서식 이전의 기초 지식

먼저 레터 · 페이퍼 이야기지만, 최근 이상한(kinky) 것이 잘 팔리고 있는데 이런 것들은 구미에서는 조잡한(dinky)것이라고 하니 가급적 피하는 쪽이 좋다.

뭐, 고스트 · 버스터즈(ghost busters, 유령격멸부대)라고 된다면 어느 정도 딩키 하더라도 좋을지 모르겠지만 말이다.

색깔은 화이트(white)나 크림(cream)색 또는 그레이(grey)라면 고급품으로 상대방으로부터 높이 평가될 것이다. 물론 비지니스 · 레터의 경우에는 화이트가 좋다는 것으로 정해져 있다.

편지에도 트레이트(trait)가 있다.

뉴욕 티파니 등의 비즈니스 레터를 한번 보면, 소형 하우스 · 페이퍼라는 개인전용의 레터 · 페이퍼에 어드레스(address), 텔러포운 · 넘버(telephone number), 네임(name)전부를 인쇄하여 주지만, 머지않아 우리나라의 백화점에서도 이러한 것을 싸게 해서 주지 않을는지 모르겠다.

이 정도는 역시 잘 만든 보통 편지지이므로 눈감아 주자. 영어로 날짜를 표시하는 방법으로 미국이라면 October 11, 2005 같이 되지만, 영국이나 유럽에서는 전통적으로 11 / 10 / 05 같이 표시하는 일이 많다. 비지니스의 경우는 영어에 대하여 잘 알고 있는 expert(익스펄트)가 실무를 맡아 마무리 짓기 때문에 틀리는 일이 없겠지만, 개인의 경우에는 역시 October 11, 2005보다 11 October, 2005 같이 써서 착각하지 않도록 하는 쪽이 좋다.

편지의 내용은 무엇을 써도 좋을 것 같지만, 역시 제3자가 읽어도 부끄럽지 않은 것이 되도록 하여야 한다.

이런 것은 구미에서도 상식으로 되어 있는데, 러브 레터도 너무 상식에 벗어난 지독한 표현을 쓰면 그 사람의 인격이 의심받게 되니까 주의하자.

우리나라의 편지에 "친전"이란 말을 쓰는데, 이 말을 애용한다고나 할까 남용하는 사람이 많이 있지만, 영어에도 이런 "친전" 이라는 말이 있다. PERSONAL 이라고 보통 겉에 마크해 두면, 회사 같은 데에서는 그리 문제가 되지 않을지 모르지만, 가정에 배달되는 경우는 편지의 내용이 가족에게 알려져서는 안되는 비밀이 있는 것으로 알게 된다.

가정 내에 비밀이 있다는 것은 좋지 않은 일이 되므로, PERSONAL 표시 때문에 가정에 평지풍파를 일으키지 않도록 하여야 할 것이다. 상대방에 따라서는 이러한 마크 되어 있는 편지를 보고 모욕을 느껴 화를 내는 일도 있다.

개인 편지 같은 데에서는

Have a super holiday!

(멋진 휴가를 즐겁게 보내시길!)

이와같이 끝내면 모양 있는 편지가 될 것 같다. 이러한 편지를 쓰기 전에 작은 영어 지식이 어느 때는 크게 평가되기도 하니까, 언제나 많이 사용될 것 같은 미니 영어에 주의하고 있어야 하는 것은 매우 중요하다.

"카니발" 이라는 것도 초등학교 때부터 "그런 것쯤은 알고 있다."라고 말할 수 있을 것 같지만, 그리스도교와의 관계는 말할 어떤 것인지 대학 영문과를 졸업한 사람도 자신있게 대답할 수 있는 사람이 많은 것 같지 않다.

"리오 · 데 · 쟈네이로"의 "카니발"과 "뉴 · 올리안즈"의 "마르디 · 그라"(Mardi Gras)의 관계는 1월 6일의 사순절(Lent, Careme)부터 "마르디 · 그라" 사이에 세계 각지에서 카니발이 개최되도록 차례대로 되어 있다.

사순절은 영어를 쓰는 국민 사이에는 "렌트" 축제, 프랑스등 기독교국에서는 "카렘" 축제로 잘 알려져 있다. 이는 예수가 탄생하셨을 때, 동방에서 3사람의 박사가 찾아와 축복을 했다는 고사(故事)에 관계가 있는데, 이 사실을 알고 있을까.

그런 것은 영문 편지와 관계가 없다는 소리가 어디선가 들리는 듯 하지만 대수롭지 않은 영어의 배경에 관한 지식이 대단히 쓸모 있을 때도 있다.

어떤 사람으로부터 외국인이 편지에 "재의 목요일"(Ash Thursday)라 써 보냈는데 무슨 말인지 들어 보지도 못했던 거라고 했다. 이것은 예수가 황야에서 40일 동안 단식했다는 고사(故事)에 의해 채식요리를 먹는 기간의 Pass-over에 들어 가는 날이라는 말이며, 그 전 날이 마지막으로 육식을 먹는 날인데 이를 "마르디 · 그라"라고 한다. "마르디 · 그라"라는 말은 Carnival Tuesday를 의미하는 프랑스어이지만 영미인들도 그런 말을 알고 있는 사람이 의외로 적을지도 모른다.

　이러한 말을 편지로 질문하여 보는 것도 재미있지 않을까.

　하나의 기본적인 말을 이해하면, 차차 그것에 관련된 지식이 늘어나게 된다. 본서에 나와 있는 영어 서식도 이러한 마음가짐으로 머리 속에 잘 기억해 두길 바란다.

봉투 쓰는 법

봉투 겉에는 수신인의 주소·성명을 쓰고 뒷면에다 자신의 주소·성명을 쓰는 사람도 있지만, 보통 봉투 겉면 왼쪽 상단에 발신인의 주소·성명을 쓰고 상대방의 주소·성명은 중앙에서 오른쪽으로 쓴다. 가령 "서울시 도봉구 도봉동 123번지"에 사는 김민수라는 사람이 미국 캘리포니아주 로스앤젤로스 시에 있는 휠셔가 9500번지 비버리 휠셔 호텔 지배인을 수신인으로 하는 편지를 낸다고 하면, 다음과 같이 된다.

〒131 서울시 도봉구 도봉동 123 김민수

> Minsoo-Kim
> 123, Dobong-dong, Dobong-ku,
> Seoul, 131 Korea

상대방의 주소·성명은 항공 우편이라는 BY AIR MAIL이라고 써 있는 곳에서 약간 오른 쪽으로 치우쳐서 중앙에 쓰는 것이 좋다. "항공우편"은 PAR AVION라는 프랑스어를 사용할 때도 있지만, 이런 기호가 인쇄되어 있는 봉투라도 조금 오른쪽으로 치우친 곳부터 쓰기 시작한다.

이상적인 위치를 정확히 표시하면 다음 그림과 같은데 이 범위 내에서 쓰길 바란다.

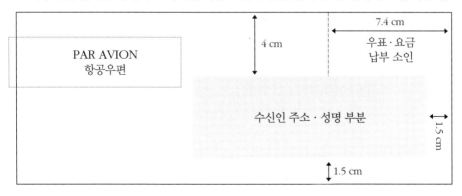

상기 "수신인 주소·성명" 부분에 미국 캘리포니아주, 로스앤젤로스, 휠셔가 9500번지, 비버리·휠셔 호텔, 지배인 귀하 라는 것을 쓰면 다음과 같이 된다.

Manager
Beverly Wilshire Hotel
9500 Wilshire Boulevard
California 90053
U. S. A.

여기에 주의해야 할 일은 상대방의 나라이름은 대문자로 조금 크게 해서 알기 쉽게 써야 한다. 그리고 잘못 배달되는 일이 없도록 Zip Code(우편번호) 쓰는 것을 잊어서는 안된다. 외국에 있는 호텔을 예약할 때는 우편번호를 모르는 일이 있는데 미국 내 주요 도시의 우편번호는 다음과 같다.

도 시 명	우편번호
앵커리지(Anchorage)	99510
로스앤젤레스(Los Angeles)	90053
샌프란시스코(San Francisco)	94101
보스톤(Boston)	02109
시카고(Chicago)	60607
뉴욕(New York)	10001
디트로이트(Detroit)	48226
뉴올리안즈(New Orleans)	70140

🌿 미국의 경우 주명 (州名) 다음에 우편번호를 기재한다.

영문 서식에 필요한 구두점

구두점이란 영어로 펑크츄에이션(punctuation), 또 잘 알고 있는 물음표(?). 느낌표(!)도 등장하니까 겁낼 것은 없다. 간단히 말하면 피리어드(period)는 문장 끝에 반드시 붙으니까, 더 한층 분명히 알아 두어야 하는 것인데, 우리나라 말에도 쓰고 있지 않은가.

이 구두점으로 우선 기초가 되는 것이 콤마(comma)에 대한 지식이다.

"어머, 굉장한데"라고 그녀가 말했다.

이것을 영어로 재빨리 쓸 수 있다면 콤마의 사용법을 그저 그런대로 알고 있는 실력이라고 할 수 있다.

She said, "Oh, gorgeous!"라고 쓸 수 있다면 어디에 사용되는지 알고 있는 셈이다.

그러면 Thomas E. Wilkinson, Jr. 라는 말은 어떨까.

"토마스 E. 윌킨슨 2세"라는 뜻이지만, 이러한 말을 아무거리낌 없이 술술 우리나라 말에서 영어로 할 수 있다면, 다음과 같은 포인트도 가볍게 할 수 있을런지도 모른다.

가령, "종로구 3가 2의 15번지"라는 말을 영어로 할 때 Chongro-ku 3-2-15같이 표시한다면 어쨌든 국산영어 밖에 안된다. 한국의 우체국 직원에겐 이래도 좋겠지만, 외국인으로서 알기 쉬운 말은 3-2-15. Chongro-ku라는 것을 잊어버리지 말자.

날짜의 경우, "2005년 10월 21일"을 영어로 하면 October 21, 2005이 된다. 영국이나 유럽에서는 21st October, 2005식의 표현이 압도적으로 많다.

이것을 2 1/ 10 / 05 바꾼다면 콤마는 필요 없다.

영국이나 미국서는 Benjamin Franklin 같이 먼저 이름을 쓰고 다음에 성을 쓰지만, 관청이나 군대에서 명부 등을 작성할 때는 Franklin, Benjamin의 형식을 사용하는 경우도 있다. 최근에 "이순신"이나 "이율곡"등 역사적으로 유명한 사람을 Yi Soonshin이나 Yi Yoolgok 같이 표시하는 일도 있지만, 이것은 예외이다.

"배계(排啓) 그린씨"를 영역하여 달라고 하여 놀라게 했던 사람도 있었던 것 같은데, 편지문의 상식으로서는 이러한 것은 Dear Mr. Green,이라고 써서 보내면 되는

15

것이다. 물론 상대방이 "그린"부인일 때는 Dear Mrs. Green, 이며, "그린"씨 댁의 따님이라면 Dear Miss. Green, 으로 쓴다.

그런데 약간 딱딱한 형식을 쓰면 Dear Mr. Green: 같이 콤마가 없고 콜론(colon)을 쓰게되니 놀랄 수 밖에.

회사인 상대방에 "근계(謹啓)라고 할 때, 미국에서는 Gentlemen: 을 영국에서는 Dear Sirs: 식으로 쓰는 경우가 많다.

"콜론"이라면 "오데콜론" 밖에 알지 못하는 사람은 이 기회에 공부 좀 해두자. 먼저 "오전 10시"라는 말을 영어로 해보자. "텐 · 에이 · 엠"이라는 생각은 나지만, 어떻게 쓸까? 이것은 10 a.m. 또는 10 A.M. 으로 쓰면 된다.

'뭐야, 콜론은 나오지도 않잖아' 하고 말하는 사람은 "10시반"이라는 말은 어떨까.

Formula Versification

[서식 작성법]

01 연하 카드 쓰는 법

    영어회화로 쓰면 A happy New Year 라고 말하고 상대방은 The same to you라고 말하면서 서로 신년축하 인사를 주고받지만, 영어로 연하 카드를 보낼 때는 어떻게 쓰면 좋을까? 외국의 경우에는 특히 연하장만 보내는 관습은 없으므로 꼭 영어로 쓴 신년축하 카드를 보내고 싶다고 생각하는 사람이 있을지도 모른다. 이러한 사람을 위하여 전형적인 예문 및 서식을 소개하기로 한다.

    "삼가 신년을 축하합니다."는 My heartiest greeting for a Happy New Year라고 쓰고, "서기 2005년 원단"은 January 1, 2005 라고 쓴다.

    "서울 도봉구 도봉동 123 김철수"는 Chulsoo-kim, 123, Dobong-dong Dobong-ku, Seoul, Korea로 쓴다.

    전화번호를 아울러 표시하고 싶을 때는 Tel. 이라고 쓰고 나서 숫자를 한줄로 나란히 써 놓으면 간단하다. 이와 같이 만든 카드를 봉투에 넣어서 발송하면 되지만 상대방의 주소는 어떻게 쓰면 좋을까? "봉투쓰는 법"의 항목에서 말한 것과 같이 이것은 두 가지의 방법이 있다. 하나는 왼쪽 위편에 자신의 주소·성명을 쓰고, 봉투 중앙에서 아래쪽 부분에 상대방의 주소·성명을 쓰는 방법이다. 또 하나는 봉투 앞쪽에 상대방의 주소·성명을 쓰고, 봉투 뒤쪽 상단에는 본인 자신의 주소·성명을 쓰는 방법이다.

    상대방의 주소·성명은 상대방으로부터 온 편지라든가 상대방이 직접 보내준 서류를 그대로 보고 쓰는 것이 간단하지 않을까?

    엽서의 경우에도 카드를 동봉해서 보낼 때와 똑같이 왼쪽 상단에 자신의 주소·성명, 중앙에서 하단 오른쪽으로 상대방의 주소·성명을 쓰면 된다.

January 1, 2005

My heartiest greetings
for
A Happy New Your!

Chulsoo-kim
123, Dobong-dong, Dobong-ku
Seoul, Korea

그림엽서는 왼쪽 상단 모서리에 붙어있는 우표 아래쪽으로 상대방의 주소 · 성명을 쓴다. 엽서 전체에 빠듯한 느낌을 주기 때문에 보통 자신의 주소 · 성명은 생략하지만, 본문 오른쪽 상단에 날짜를 쓰고 그 아래에 "서울에서"(In Seoul) 등을 기입할 수도 있다. 자신의 이름은 본문 끝에 쓴다.

 연하카드에 사용하는 예문

1. 새해 축하드립니다.

   Best wishes for the New Year!

2. 즐거운 닭해를 맞이하시길!

   Best wishes for 2005, the year of the fowl.

3. 2005년은 즐거운 번영의 한 해가 되시길!

   May 2005 bring you joy and prosperity!

4. 가장 행복한 새해를 맞으시길!

   I wish you the happiest New Year!

02 크리스마스 카드

유럽이나 미국에서는 크리스마스 카드에 신년축하 인사를 써서 보내는 것이 보통이다. 한국의 연하장을 영역해 보면 조금 어색한 느낌이 들기도 하지만, 본격적인 크리스마스 카드를 사용하면 어떠한 경우에도 스스럼 없이 보낼 수 있을 것이다. 크리스마스 카드를 사서 보면 축하 문구가 전부 인쇄되어 있는 것이 많으니까, 자신이 카드에 축하 문구를 쓰고 싶은 사람은 이 점을 주의하지 않으면 안 될 것이다.

"존에게, 즐거운 크리스마스와 행복한 새해를 맞으시길 바랍니다. 나희가" 정도의 영어는 거침없이 쓸 수 있는 사람은 많겠지만, 중학교나 고등학교에서 영어점수가 나빴던 사람은 다음의 예문을 참고하도록 할 것.

Dear John,
  I wish you a
Merry Christmas
  and a
Happy New Year!

                           Nahui

영국이나 미국에서는 크리스마스 휴가가 성탄절 전후부터 시작하여 약 2주일 정도

계속되기 때문에 새해도 이 기간에 포함되어 생각하면 된다.

섣달 그믐날 밤은 New Year's Eve라고 한다. 자정이 되면 소동이 일어나, Happy New Year!하고 큰 소리를 치며 새해를 맞이하지만, 새해 첫날을 잔뜩 술에 취해서 침대에 자고 있는 것을 보면 한국과는 약간 모습이 다르다.

크리스마스만을 축하하는 문구는 All of my best wishes for Christmas!라고 쓰는 것이 좋다.

 크리스마스를 축하하는 예문

1. 즐거운 크리스마스를 맞이하시길!

Hope you have a good Christmas!

2. 즐거운 휴가를 보내시길!

Hope you have a nice vacation!

3. 아주 즐거운 크리스마스가 되길 마음으로부터 빕니다.

All of my best wishes for a very Merry Christmas.

4. 즐거운 크리스마스를!

Merry Christmas!

5. 행복하고 명랑한 하루 하루를 보내시길!

May your days be happy and bright!

03 문안편지

영어에도 문안이라는 것이 있지만 한국처럼 계절이 바뀔 때마다 문안 편지를 쓴다는 것이 습관처럼 되어 있지는 않은 것 같다. "엄동설한에 어떻게 지내시고 계시는지요" 하는 말을 영어로 표현하면 'How are you getting along in this cold season?'로 된다. get along 이란 말을 get on이라고 표현하는 사람도 있지만, get along이라고 하는 편이 정중한 느낌을 주므로, 글을 쓸 때는 이 표현이 무게가 있어 더 많이 사용되고 있다.

"부디 몸 조심 하시길 바랍니다." Please take good care of yourself. 라고 덧붙여서 영어로 훌륭한 안부 편지를 작성해 보자.

> Dear ·······················
> How are you getting along in this cold season?
> Please take good care of yourself.
>
> ·······················

병원에 입원했을 경우 안부를 물을 때는 먼저 "입원하셨고 들었는데 매우 걱정이 되는군요."라는 말은 영어로 I'm sorry to hear that you are in the hospital. 라고 쓰는데 이 정도는 외워 두자.

"빨리 완쾌되시길 빌겠습니다."는

Best wishes for a quick recovery.

라고 하는 것도 의외로 스마트한 영어가 되므로 사용해보도록 하자.

"원기를 내어 끝까지 노력해 주시길 바랍니다."도 그렇게 어렵게 생각되지 않는다. 이때는

Pep up and carry on, O. K.?

정도 표현한다면 상대방도 싱긋 웃으며 기분만이라도 좋아지진 않을까.

Dear ·····················
I'm sorry to hear that you are in the hospital.
Best wishes for a quick recovery.

······················

　　상대방의 성명 앞에, Dear Miss.라든가 Dear Mrs.라고 "명칭"(title)을 붙이는 것이 영어의 상식이다. Miss는 미혼여성에게, Mrs.는 기혼여성에게 사용해야 하지만, 남성에게는 무엇을 사용해야 한다는 것 쯤은 더 잘 알고 있을 것이다. 물론 Mr.라고 쓴다. 우리말에도 미스, 미세스, 미스터 같은 말을 자주 사용하고 있으므로 영어라기 보단 우리말을 영어로 쓴다면 이렇게 된다고 생각하는 편이 친밀감이 들지도 모른다. Dear 다음에 John 이라든지 Mary 라든지 상대방의 "First Name(퍼스트 네임)"을 쓰는 것은, 상대방을 first name을 부를 정도로 가까운 사이라는 것을 명시하고 있기 때문이다.

　　Dear John 이라든지 Dear Mrs. Robinson라는 서두에 쓰는 경어는 우리나라 말의 경우 "排啓"따위가 해당되며 편지 말미에 쓰는 경우인 Sincerely yours,는 "敬具"에 해당된다. 그러나 영어에서는 Sincerely yours, 라고 쓰고 그 밑에 자신의 이름을 사인하는 것을 잊어서는 안된다. 예를 들어 "장나희 올림"은 영어로 쓴다면 역시 이

Sincerely yours, 를 먼저 쓰도록 해야 한다.

Sincerely Yours,
Nahui Chang

Sincerely yours, 말고 Truly yours, 를 사용하면 회사나 관청의 서식처럼 딱딱해진다. 개인적인 사교문에서는 Sincerely yours,가 훨씬 좋겠다.

 문안 편지의 예문

1. 그동안 어떻게 지내시고 있는지요? 문안드립니다.
   How are you getting along?
   I hope you are all fine.
2. 사고를 당하셨다는 소리를 듣고, 매우 충격을 받았습니다.
   I was awfully shocked to hear
   about your accident.
   I hope you are all right.
3. 별안간 귀하의 모친상을 치르게 되심을 본인은 마음으로부터
   조의를 표합니다.
   I was very sorry to hear about the sudden
   death of your mother.

04 러브레터 쓰는 법

러브레터에 쓰는 문구는 흔히 유행가의 가사와 같이 "어떠한 말도 괜찮다."라는 말 없는 양해가 있는 것 같다. "나는 당신을 사랑하고 있습니다." I love you 라는 말이 기본예문이 되고 있지만, "당신에게 반한 것 같다." 라는 I'm falling in love you. 라든가 또는 산뜻하게 "나는 당신이 좋습니다." I like you. 라는 표현도 로맨틱해서 괜찮을 듯 하다.

"당신 생각이 낮이나 밤이나 뇌리에서 떠나지 않습니다."

I've been thinking of you day and night.

라든가 "될 수 있는 데로 빨리 데이트 해주세요." Could you give me a favor of dating me soon. 등을 덧붙이면 , 러브레터 작성도 성공이다.

Dear ·······················
It may seem sudden, I fell in love with you.
I've been thinking of you day and night.
Could you give me favor of dating me soon.

························

연애문장도 구미에서는 매우 중요한 사교문의 하나이다. 내용이나 형식은 고상하면서 상식적인 것이 좋다. 물론 정열적인 표현도 있지만, 이것은 보통 아주 과격한 자기중심적으로 되는 경향이 있으므로 그런 부분을 자제하여 표현하는 편이 탁월한 방법이 될 수 있으며, 상대방으로부터도 좋은 인상을 얻게 될 것 이다.

 ## 러브 레터에 사용하는 예문

1. 월프먼 잭이 그러는데 나는 당신을 정말로 사랑하고 있다고 합니다.

   Wolfman Jack says I really love you.

   여기에다 약간 유머스러한 사랑의 고백으로

   I need you like Wolfman Jack does. 표현도 재미있다.

2. 나는 당신이 필요합니다.

   I need you.

   자신만만한 사람이라면 You need me(당신에겐 내가 필요하다)

   라고 써도 좋겠다.

3. 당신은 아주 멋있는 사람입니다.

   I adore you.

   옛날 팝송에 잘 나오는 가사. You are lovely.

   또는 You are my everything.(당신은 나의 모든 것)도 좋겠죠.

4. 당신과 함께 있으면 행복합니다.

   I'm happy with you.

5. 당신과 함께라면 이 세상 끝이라도 가겠습니다.

   I'll follow you to the end of the world.

6. 당신이 없는 세상이란 생각할 수 없습니다.

   I can't think of the world without you.

7. 이것이 사랑이란 것인지도 모릅니다.

   I wonder if this is what they call love.

05 초대장 쓰는 법

상대방을 초대할 때 정식 초대장을 인쇄해서 보내는 방법도 있지만, 직접 손으로 쓴다든지, 간단하게 전화할 수도 있다.

영국인이나 미국인이라도 친지에게 초대장을 보낼 때에 잘못된 표현을 쓰는 경우도 있지만, 우리들의 잘못은 외국인에게는 이해가 안되는 것이어서 그 뜻을 알 수 있을까?

예를 들어 "금요일 밤은 한가하십니까?"

Are you free Friday night? 라든가

"내일 밤은 무엇을 하실 예정이십니까?"

What are you doing tomorrow night? 라고 물어보는데,

이러한 질문형을 초대장에 쓰는 것은 좋지 않은 것으로 되어 있다.

"내주 금요일 저녁 식사를 함께 하고 싶습니다."

I hope you can have dinner with me next Friday. 이 정도하면 깔끔하게 되어 있어 그럭저럭 보통 솜씨는 된다고 생각한다.

초대장은 손수 쓰는 것이 좋지만 타이프를 친 것도 많아 졌다. 친지를 저녁 식사에 초대할 때는 다음과 같은 형식이 잘 사용된다.

도봉동 123번지는 초대하는 사람의 주소이며, 같은 동네에 사는 사람들에게는 Dobong-ku나 Seoul 등과 같은 문구는 쓰지 않아도 된다.

123 Dobong-dong

May 15

Dear Mr. Hillman,

I would like to invite you and Mrs. Hillman to dine with us on Friday, May 24, at seven o'clock at the Restaurant Blue Ribbon.

Sincerely yours,

Misook Lee

"회신을 기다립니다."라는 뜻을 가진 R. S. V. P.는 가까운 친지라서 전화로 답변할수 있다고 생각되면 따로 쓰지 않는다.

새로 이사 온 사람을 환영 파티에 초대하는 경우는 다음과 같은 형식이 잘 사용된다.

We'd like to invite you to a dinner party and give you a chance to meet our new neighbors : Mr. and John Green.

Time : 7 to 9 p.m.

Date : Friday, March 8th

Place : Mr. and Mrs. William Smith's 7265 Sunnyvale Road Springdale

R. S. V. P.

02(268)2311

시간을 표시할 때는 예를 들어 "6시"는 six o' clock같이 full spelling(풀 스펠링)을쓴다. "6시 반"은 half past six o' clock, half after six o' clock 이라고 쓰며, six-thirty

또는 6:30라고 쓰지 않는 것이 상식이다.

R. S. V. P. 또는 Please Reply라고 써 있는 초대장에 대해서는 꼭 답장을 즉시 해야 한다. REGRETS ONLY라고 써 있을 때는 참석할 수 없을 때에만 회신을 해 달라는 뜻이므로 회신을 하지 않으면 참석하는 것으로 된다.

비지니스 관계의 초대장은 타이프를 치는 것이 상식이다. 전화로 회신을 받고 싶을 때는 R. S. V. P. 아래에 전화번호를 써 두면 좋다.

미국에서는 친지로부터의 초대에 대해 참석 여부를 회신하는데 방문용 카드라는 것을 자주 사용한다. 참석할 때는 Thanks, I'll be there.(고맙습니다. 참석하겠습니다.) 또는 Accept with pleasure(즐겁게 참석하겠습니다.) 같은 문구를 자신의 이름 앞에 써서 보낸다. 이때 Mr. 라든가 Mrs. 다음에 성명은 쓰지 않고, 친지로서 가깝게 부르는 이름(닉네임이나 펄스트네임)을 그 다음에 쓴다.

방문용 명함을 사용하여 초대장을 보낼 때는 용건을 이름 위에 쓰고 Mr.라든가 Mrs.등 경칭 부분은 쓰지 않는 것이 에티켓이다. 정식 초대장은 대형 명함을 크게 한 것과 같은 것을 전문업자에게 만들게 하는 일도 많다. 그 일예를 소개하면, 예를 들어 김민수 부부가 존 · 그린씨 부부를 신라 호텔, 12월 12일 수요일 8시에 저녁 식사에 초대하려면, 먼저 Mr. and Mrs. Minsoo-kim 이라고 초대장의 중앙 상당에 인쇄해 둔다. 다음 줄에다, "아무쪼록 함께 자리를 해 주신다면 영광입니다."라는 내용의 request the pleasure of your company 라는 표현을 쓴다. 그 다음에 초대의 목적인 만찬이라든가 파티 등을 날짜 등과 같이 명기한다.

Mr. and Mrs. Minsoo-Kim
request the pleasure of your company for dinner
on Wednesday, December the twelfth,
2005 at eight o'clock Hotel Shinra

R. S. V. P.   Black Tie

오른쪽 하단 구석에 Black Tie 라고 써 있으면 이것은 턱시도(야외용 예복 : 영어로는 디너 · 재킷) 정도 입고 나가야 되겠지만, 정장이라도 무난할 때가 많다. 여성은 칵테일 드레스 정도. 그러나 White Tie 는 이브닝 · 드레스를 입는다. 참석하지 않을 때는 I' m sorry, but I' m not free that evening.하고 써서 보내면 된다.

■ 블랙 · 타이란 무슨 뜻일까?
 Black Tie, dinner coat, dinner jacket라고 하면 무슨 뜻인지 몰라 깜작 놀라는 사람도 있을지 모른다. 정식 만찬(디너)에 초대받았을 때 착용하는 옷의 형식이며, 턱시도를 뜻한다. 미국에서는 턱스(tux)로 약칭하여 자주 사용되고 있다.

■ 화이트 · 타이란 무슨 뜻일까?
 White Tie 는 또 다른 이름으로 Tails 이라고도 한다. 테일즈(Tails)라는 것은 어떤 것의 꼬리라는 뜻이다. 도무지 이해가 되지 않는 사람도 있겠지만, 이것은 바로 연미복이라는 말이다. 물론 블랙 · 타이보다 화이트 타이가 격식이 높다.
 남자는 18세 이상이 되지 않으면 이 옷을 착용할 수 없게 되어 있으니까, 엄격한 전통이 있다고 본다.
 화이트 · 타이는 공식적인 만찬이나 콘서트(음악회)에 착용한다.

06 생일 축하

Happy birthday to you
Happy birthday to you
Happy birthday, dear Linda,
Happy birthday to you

위와 같은 생일 축하 노래를 부른 일이 있는지? "생일을 축하합니다. 린다양의 생일을 축하합니다."라는 내용이다.

생일을 축하하는데 쓰는 일상적인 말은 Happy birthday다.
Happy birthday만으로 모양이 안날 때는
Happy birthday to you! 하고
그 다음에 Congratulations and best wishes.
(축하합니다. 보람된 미래를 빌겠습니다.) 등을 덧붙인다면 충분히 본격적인 영어가 될 것 같다.

좀 더 무게를 주고 싶은 사람은,
May I wish you many, many happy returns of the day!
(이 행복한 날이 몇 번이고 몇 번이고 다시 돌아오길 빕니다.)라는 말을 첨가해도 좋다.

Dear ....
Happy birthday to You!
May I wish you many, many happy returns of the day!
Sincerely,

....

Happy Birthday to You! 다음에, Congratulations on Number Fifteen.(15번째의 생일을 축하합니다.) 같이 경쾌한 문구를 넣어 보면 신선한 느낌을 주지 않을까?

미국에서는 갓난 아이가 태어나면 이를 정식으로 발표하는 관습이 있다. 대형 명함에 갓난 아이의 성명과 생일을 인쇄한 작은 카드를 붙들어 매어 놓고 보통 남자 아이 같으면 카드의 테두리를 푸른색, 여자아이면 핑크색으로 물들여 놓는데 보기에 예뻐 보인다. 작은 카드를 매 놓은 리본도 여러가지 색을 섞어 사용하는 일도 많다.

May Goldman
May the fifth
2005

Mr. and Mrs. Robert Goldman 1 Lexington Avenue

오른쪽 아래에 One이라고 써 있는 숫자는 1이며, 이 숫자는 One이라고 쓰는것이 옛날부터 사용하고 있는 관습이다. 갓난 아기의 출생을 알리는 카드는 2주일 이내에 보내지 않으면 안된다.

07 소개장 쓰는 법

영어 회화에서, May I introduce Mr. Lee?(이 군을 소개합니다.) 라고 하는 것을 들은 적이 있을 것이라고 생각한다. This is Mr. Lee Minsoo 같이 간단한 모양도 사용된다. 서면 또는 명함에 소개 말을 쓴다는 것은 그리 어려운 일은 아니다.

예로서 남성인 이민수라는 사람을 소개할 때는, This is to introduce Mr. Lee, the bearer of this letter. 라고 써도 반쯤은 끝난 것으로 생각된다.

그 다음에는 "그를 우수한 컴퓨터 전문가로서 추천합니다."(I can recommend him as an excellent computer specialist.)라든가, "아무쪼록 만나 보아 주시길 바랍니다."(I (We) would appreciate it if you could give him an interview.)등을 덧붙이면 아래 위의 문장이 완결되므로 뭐 걱정될 정도까지는 안된다.

이것을 짜 맞추면 다음과 같이 된다.

Dear Mr. ⋯⋯⋯⋯⋯⋯⋯

This is to introduce Mr. Lee Minsoo, the bearer of this letter. He is an excellent computer specialist. I (We) would appreciate it if you could give him an interview.

Sincerely yours,

⋯⋯⋯⋯⋯⋯

카드의 여백에 쓸 때는 this letter 를 this card로 바꾸어서 쓰지 않으면 안된다.

Please give him an interview.를 좀 더 어렵게 표현한다면, I should be highly gratified if you could spare you time and grant him an interview.라고 하는 것이 어떨까?

$\mathcal{O}8$ 블랭크 카드(백지 카드)

블랭크 카드(blank card)는 아무 것도 인쇄되어 있지 않은 카드로써, 구미에서는 "꽃가게"(flower shop)에 비치해 두고 있다.

왜 꽃가게에 비치되어 있는가 하면, 이러한 카드에 꽃을 보내는 사람의 이름을 적어 꽃과 같이 상대방에게 보내는 것이 영업이기 때문이다.

이 블랭크 카드를 사용하여 사랑의 고백, 문상, 축하 등 모두 가볍게 진행할 수 있는 것이다.

꽃과 함께 티도 안내고 숨겨진 마음을 카드에 써서 이를 구실삼아 보내는 것도 매우 동화적이 아닐까? 예를 들어, 프랭크 로버트슨 (Frank Robertson)이란 사람이 연인에게 꽃을 보낼 때 어떠한 영어를 쓸 것인가는 아주 간단하게 생각해 낼 수 있다.

love ····················
Frank Robertson

뭐, 이정도라면 자신이 꽃다발을 만들어 카드를 끼워 넣어 지금이라도 그녀의 집에 갖고 갈 수 있을 것 같지 않은가.

축하 카드도 간단하게 love 대신에 CONGRATULATIONS라고 쓰면 된다. 크리스마스, 새해, 연인의 입학, 결혼, 취직 어떤 경우에도 응용되는 문장의 첫 귀는 Best

Wishes, 문상의 경우에는 with sympathy를 사용하지 않으면 안된다. 이런 경우에 겉에다 with deep sympathy, 뒷면에다 주소 · 성명을 쓸 수도 있다.

09 졸업 · 취직

"졸업을 축하합니다."

정도의 영어도 말할 수 없다면 중학생이 울고 갈 수준이다.

Congratulations on your graduation! 이 정도라면

중학교, 고교, 대학, 기타 어디에서도 학교라는 것을 졸업하는 사람을 축하하는 훌륭한 영어다.

회화에도 사용할 수 있다. 특히 대학을 졸업하는 사람에 대해서는 어떻게 축하하면 좋을까 하고 질문하는 사람이 있는데 이때는 Congratulations on your graduation! 를 사용하면 좋다.

"당당하게 고교를 졸업하였습니다. 여러가지로 고마웠습니다."라는 영어도 간단하다.

I finally graduated from high school.

Thank you very much for everything.

같이 쓸 수 있다면 당신의 영어 실력도 이제 본격적으로 됐다고 할 수 있다.

영어 신문에서 취직 자리를 찾는 사람은, 자주 전화로

"그자리 아직 비워 있습니까?"(Is the position still open?)하고 물어 보지만,

구미에서는 취직할 때 부서별 직무를 position이라고 한다.

그래서 "IBM에 취직하셨다니 축하드립니다."라는 영어는,

My warmest congratulations to you on your new position with IBM.

같이 된다.

Dear ·····················

Congratulations on your graduation from the university, and my warmest congratulations to you on your new position with IBM.

Sincerely yours,

·······················

 취직, 영전, 승진시 쓰는 영어

1. 한국 은행에 취직하였습니다.
   이제까지의 은혜는 결코 잊지 않겠습니다.
   I got a job with Han-kook Bank.
   I'll never forget all you have done to keep me.

2. 해외 영업부장에 승진하심을 진심으로 축하드립니다.
   My heartiest congratulations to you on being promoted to overseas sales manager.

3. 샌프란시스코 지점에 영전하시게 됨을 축하드립니다.
   Congratulations to you in your new position at the San Francisco branch office.

10 청첩장

　구미의 결혼식은 교회에서 올리는데, 아주 간단하게 끝나지 않을까 하고 잘못 생각하는 사람들도 많은 것 같은데, 실은 한국의 풍습못지 않게 복잡다양하다.

　약혼 발표라는 것도 한국과는 조금 모양이 다르다. 이날부터 결혼식에 초대할 손님의 리스트를 작성하기 시작하니까, 예삿일이 아니라는 분위기가 된다.

　청첩장은 타이프 하여서는 안된다. 어쨌든 간에 손수 청첩장을 써야 된다니 이상한 일이다.

　봉투의 겉면에 Mr. James 또는 Mrs. Ronald Benson같이 쓰면 좋지만, 18세 이상의 자매에 대해서는 Misses Nancy and Helen Brown 같이 Misses를 쓴다. 18세 이상의 형제에 대해서는 Messrs. James and Kenneth Mitchel 같이 Messrs.로 쓰지 않으면 안된다.

　외국인을 결혼식에 초대하는 일은 아직도 드문일이지만, 이런 뜻밖의 일을 대비해서 표준 청첩장이라는 것은 어떠한 형식으로 쓴 것인가를 알아 두는 것도 교양이라고 할 수 있을 것이다.

　대강은 무슨 뜻인지 알 수 있으리라 생각되지만, 해럴드 · 레이몬즈 부부가 딸인 앤을 대녈 · 오펜하이머 군에게 시집 보내니까, 참석해 주시길 바란다는 내용이다.

Mr. and Mrs. Harold Raymonds
request the honor of
your presence
at the marriage of their daughter
Ann
to
Mr. Daniel Oppenheimer
Thursday, the twenty-first of March
at three o'clock
Church of One Thousand Roses
Hawaii

그 밑에 3월 21일 목요일 3시에 하와이 완·타우잰드·로지즈 교회라고 결혼 일시와 장소를 명시하는 것이 좋다. 머리만 가지고 이리저리 생각해서 영작하는 것보다 훨씬 쉽다고 생각할 수 있다.

자택에서 결혼식을 올릴 때는 간단히 아래와 같이 청첩장을 작성하는 것이 무난하다.

Time : 3:00 p.m.
Place : Mr. and Mrs. Harold Raymonds' residence
Address : 5 Sunset Boulevard Los Angeles, California

R. S. V. P.
02(924)0000

11 약 혼

약혼 발표를 청첩장처럼 하면 잘못이라는 전통이 있으니까 주의하길 바란다. 미국이나 영국에서는 "신부 측에서"(from the bride or her connections) 약혼을 발표하는 것이 상식으로 되어 있다.

"가까운 친척"(close relative)이 없을 경우에는 "대부(代父)"(God-father), "대모(代母)"(God-mother), 또는 "보호자"(guardian)가 발표하는 형식을 취한다.

현대 여성은 그런 것에 개의치 않고, 신문사를 통해 약혼 뉴스를 알리는 일도 있다. 그러면 신문사에서는 "사교란"(society column)에 무료로 게재하여 주기 때문이다.

약혼 발표 파티라는 것도 있어서 이때에 신문기자에게 알리는 방법도 일반적으로 되어 있다. 가까운 친지에게만 알리는 방법도 있지만, 이것은 조심스럽게 새로운 생활을 시작하겠다는 마음이 작용하고 있기 때문일 것이다. 약혼을 발표한 후 신부는 왼손 "약지"(the third finger)에 "약혼반지"(engagement ring)를 끼도록 되어 있다.

전술한 앤 레이먼즈 양의 예를 들어 다음과 같은 약혼 발표문을 우송하도록 해 본다. 이 약혼 통지에 결혼 시기도 발표 하는 것이 보통인데, 이 경우에는 the marriage will take place late in March. 라고 쓰고, 다시 청첩장을 보내게 되어 있다.

Mr. and Mrs. Harold Raymonds of 5 Sunset Boulevard announce the engagement of their daughter, Ann Raymonds, to Mr. Daniel Oppenheimer, son of Mr. and Mrs. William Oppenheimer of New Orleans, Louisiana.

약혼했다는 소식을 받으면, 즉시 약혼을 축하하는 편지를 쓰지 않으면 안된다. "대널 오펜하이머씨와의 약혼하신다니 무엇보다도 기쁜 뉴스군요. 진심으로 두 분의 행복을 빌겠습니다."를 영어로 한번 해 보자.

Dear Ann,
What wonderful news! I was so happy to hear about your engagement to Daniel Oppenheimer.
I send you both my best wishes for a lifetime of happiness.

Affectionately,
Nahui

남성에게 하는 약혼 축하는 멋진 여성을 잡은 행운을 축하한다는 것을 강조하는 것도 좋다.
"행운은 특정인에게만 돌아간다고 그러는데, 당신이야말로 그 행운을 붙잡은 사람이 되었군요. 진심으로 축하드립니다."

Dear Daniel,

Some people have all the good luck and you are one of them.

Please accept my heartiest congratulations.

As ever,

Yong-Ho

말미의 경어 부분은 Affectionately, As ever 로 하는 것이 좀 더 낫다. Sincerely yours, 는 개인적인 편지에, Truly yours,는 회사나 관청의 서식에 잘 사용된다. 친구라면 Affectionately yours, Lovingly yours, 를 사용하는 일이 많고, 때로는 love, 또는 Devotedly yours,라는 말도 사용된다.

사례 편지에 자주 사용되는 말은 Gratefully, 또는 Gratefully yours,가 있다.

12 결혼 · 출산의 축하

결혼을 축하하는 서식에는 특별한 것은 없지만, 여하간 결혼을 알리는 편지를 받았을 때는 일단 다음과 같은 축하 편지를 보내는 것이 좋다.

Dear Susan,

Thank you very much for your wonderful letter telling me about your marriage.

Please accept my best wishes for all the happiness in the world.

Love,
Nahui

이것은 나희가 친구인 수잔에게 보내는 편지인데 이름은 적당히 바꾸어 쓰면 된다. 말미에 쓰는 경어는 Love, Lovingly, 또는 Affectionately,가 좋은데 자주 사용되고 있다.

조금 멋있는 축하 편지를 쓰려면 다음과 같이 써봐도 좋겠다. 이것은 남성에게도 쓸 수 있다.

Congratulations! 이라는 표현은 주로 남성에게 쓰므로, 신부에 대해서는 I wish

you happiness! 를 써야 한다고 생각할 수도 있지만, 편지문에 쓴 경우에도 엄격하게 옛부터의 풍속이라고 까지는 할 수 없다. 그러나, 구두로 축하할 때는 위와 같은 구별을 나타내기도 한다.

출산을 축하할 때는, 남자 아이인지 여자 아이인지에 따라서 약간 뉘앙스가 다른 문체가 씌여진다. 가령 남자 아이라면 아버지인 Bob씨가 매우 남자 아이를 갖고 싶어했었다면, Bob must be very proud. 와 같은 말로써 코가 높아지는 느낌을 받도록 하는 것이다. 또 "여자 아이를 그렇게 갖고 싶어 하더니"라는 같은 여성끼리의 마음이 통하는 내용을 쓰려면, How you wanted a baby girl! 같이 쓰는 방법도 좋을 것이다. 우선 일반적이 예문을 소개해 보고자 한다.

Dear ·······················

   Congratulations on the new baby!

   I can just imagine how happy you are.

   Please accept my best wishes for you and your little darling.

Affectionately,
·····················

"성의로서 약소한 물건을 보내 드립니다."라는 말은 다음과 같은 문구 하나를 써서 보내면 된다.

I'm mailing a small present to welcome the little newcomer.

또는,

Please accept a small present for the baby.

13 감사편지를 쓰는 법

이제는 외국에서 몇 개월씩 민박(home stay)하는 사람들도 많다. 레스토랑에서 대접을 받는 다든지, 파티에 초청되는 기회도 많아졌다. 외국에서 그때마다 감사하다고 말만하면 된다고 생각하는 사람도 있지만, 그것은 사실 잘못이다. 예의에 크게 어긋나 보일 수도 있다.

외국인의 가정에 머물러 있게 되었다거나, 파티에 초대 받았을 때는 반드시 감사 편지를 내는 것이 구미의 매너로 되어 있다.

가정에 초대 받았을 때, 레스토랑에서 대접을 받았을 때, 어디서라도 응용할 수 있는 아주 평범한 영어 표현 방법을 기억해 두면 편리하다. 요리가 맛있었다는 것을 강조하고 싶다면,

Thank you very much for the wonderful dinner.

라고 하는 것이 기억하기 쉽다.

특히, 프랑스 요리를 대접 받았다면, for the wonderful dinner 대신에 for the excellent French cuisine 라고 한다면 한단 높은 영어를 구사한다는 기분이 들지도 모른다.

"언제까지나 잊을 수 없는 밤으로 기억에 남겠죠"같은 좀 로맨틱한 표현을 사용해도 괜찮다.

I shall never forgot the delightful evening we shared together. 는 연인 사이에 사용하는 말같은 느낌이 농후하지만,

I shall never forgot the delightful evening. 라고 하면 산뜻한 문장이 된다.

"조만간 한국 요리를 대접하고 싶다."는 내용을 간단히 간추려서 써 보기로 하자.

Dear ·······················
Thank you so much for the wonderful dinner.
I really enjoyed it.
I'd like to return the invitation by asking you to join me
for dinner at a Korean restaurant in the near future.
I'll be in touch soon.

Sincerely yours,

·······················

외국 여행이라면 누구에게나 보편화되어가는 요즘, 다른 나라의 문화를 알며 우리의 문화 또한 알려 줄 수 있는 기회로 삼아보는 것도 참 좋은 일이라 할 수 있겠다. 다른 나라의 친구에게 진 신세를 우리나라에 온 친구에게 따뜻한 우정의 마음으로 돌려 주는 것도 편지 못지않은 중요한 예의라 할 수 있을 것이다.

파티에 초대해 준데 대한 감사 편지 형식을 하나라도 기억해 두면 간단히 유용하게 써 먹을 수 있겠다.

Thank you very much for the delightful evening.

라고 쓰는 것은 아주 일반적인 표현이지만 별로 흠이 없는 편지 서두의 문구로도 좋을 듯하다.

"융숭하게 대접하여 주셔서 정말 감명을 받았습니다."

I was really impressed by your warm hospitality.

분위기가 매우 좋았다면,

The atmosphere was simply fantastic.

라고 표현해도 좋다.

영어에서는 칭찬하는 말이 되는 것은 결코 오버스러운게 아닐 정도로 과장된 표현을 자주 사용하고 있으니까 걱정할 것도 없다.

"아직 흥분이 덜 가신 상태입니다."든가 "다시 만날 날을 기다리고 있겠습니다."

(I'm looking forward to seeing you again.) 등을 간추려서 적어보면, 훌륭한 감사 편지라는 느낌이 들 것이다.

상대방의 기분을 좋게하는 표현이 영어에서는 잘 된 표현이 되니까, 단어를 아름답게 조립하는 기술을 배워서 모양 있는 문장이 되도록 해보자.

Dear ······················

Thank you so much for the delightful evening. I was really impressed by your warm hospitality. I still feel the excitement.

Thank you again and I'm looking forward to seeing you soon.

Sincerely yours,

························

🌿 부부 동반으로 초대 받았을 경우나 친구와 같이 둘이서 만찬에 초대받았을 경우는 예문 중에 I를 We로 쓴다. 서두 경우인 Dear…의 부분은 상대방이 그렇게 친하지 않을 때는 Dear Mr… 또는 Dear Mrs.… 혹은 Dear Mr. and Mrs.…라는 형식을 취하는 것이 보통이다.

잘 된 감사 표현 예문

1. 즐거운 만찬을 베풀어 주셔서 감사합니다.

   I am most grateful for the delightful dinner.

2. 오늘, 예쁜 꽃을 보내주셔서 감사합니다.

   Thank you so much for the lovely flowers
   you sent.

3. 뉴욕 체재중 여러가지로 신세 많이 졌습니다.

   Thank you so much for all your kindness while
   I stayed in New York.

4. 환대하여 주셔서 진심으로 감사합니다.

   I want to thank you sincerely for your
   warm hospitality.

14 근황을 물어 보는 편지

    20세기 후반은 편지보다는 전화의 시대가 되었다고 하는 사람도 있지만, 그래도 편지라는 커뮤니케이션 수단은 기본적으로 매우 중요하므로 좋은 인간 관계를 갖기 위해서는 필요하다.

    특히 영국인은 전화보다는 편지를 중요시 생각하곤 한다. 뭐 요즘이야 꼭 그렇기야 하겠냐만 그래도 생각해보라 누군가가 내게 나의 근황을 물어보는 편지를 건낸다면? 평소 보아오던 이미지보다 그 사람을 더 좋게 생각할 것이다.

    가끔은 사회생활에서 사교적인 면에서도 이런 면을 보이는 센스 정도는 있어야 하지 않을까 싶다.

    편지문에는 평상시의 생활에 대한 안부를 알아보는데도 일정한 형식이라는 것이 있다. 이런 형식을 알아두면, 영어에 관한한 평소 자만하고 있는 사람들의 잘못을 찾아낼 수 있기 때문이다. 예컨대, "인천에 무사히 도착했습니다."라면,

I am happy to inform you that I have arrived at In Cheon safely.

라고 한다면 훌륭한 문장이 된다. 이것도

Here's a note just to inform you of my happy landing at In Cheon.

라고 보다 가벼운 문구로 바꾸면 한층 영어를 사용하는 재미가 붙을 것 같다.

    글쓰기를 싫어하는 사람도 "만나본지도 벌써 5년이나 되었군요" (It is already five years since I saw you last.)라는 문장을 사용이 불가피한 경우가 종종 있게 된다. 그렇기에 이 표현만큼은 알아두자.

    오랫동안 소식이 두절되었던 사람은, 우선

Please accept my apologize for my long silence.

라고 쓰는 것이 필요할 것이다.

이사한 것을 알릴 때는, "최근에 아래의 주소로 이사하였음을 알려 드립니다."(I would like to inform you that I have recently moved to the address mentioned below.)가 하나의 전형적인 문구이다. 간단히 I have recently moved to the address below.라고 해도 무난하다.

"예전 그대로 변함없이 회사에 다니고 커피숍도 자주 간다."(As usual, I'm a regular commuter and a regular customer at a coffee shop.) 이렇게 쓰는 사람이 있다면 무엇인가 인생의 비애를 느낄 수 있지만 이것으로 그 사람의 근황 보고가 산뜻하게 나타나 있다. 그러면서 "끝으로 당신의 건강과 번영을 빌겠습니다."라는 말을 한국식 편지에는 빠뜨릴 수 없으니까 이것을 영어로 기억해서 사용해 보기로 하자.

All my best wishes for your good health and prosperity.

영문 편지는 "끝으로"라고 쓰는 곳에다 "여러분에게 안부 전해 주십시오"(My best regards to you all.)라고 잘 쓴다. "양친에게 안부를 전해 주십시오."(Say hello to your parents.) 또는 "낸시에게 안부 전해 주십시오."(Say hello to Nancy.)와 같이 회화체를 사용해도 괜찮다.

그러면 간단한 근황 보고문을 영어로 한 번 써 보자!

오래간만이군요. 그 동안 어떻게 지내시고 계신지요. 저는 요즘 전보다 생활이 좀 나아지고 자유시간도 많아졌습니다. 다음 번 한국에 오실 때는 알려주세요. 인천까지 마중 나가겠습니다. 다시 만나 뵙기를 빌면서 이만 줄입니다."

Dear ·······················

Considerable time has passed since I saw you last.

How are you getting along?

I'm better off these days and I have a lot more free time than before.

Next time you come to Korea, please let me know.

I'll pick you up at In Cheon.

Hoping to see you again soon,

Sincerely yours,

·······················

15 자녀의 입학 · 결석

요즘에 와서는 해외 생활을 하는 사람들이 점점 많아지고 있다. 이럴 때 여러 가지 문화 쇼크에 직면하는 일도 많다. 가령 자녀를 캘리포니아 초등학교에 입학시키려고 할 때는 우선 먼저 친지로부터 교장 선생님에게 보내는 소개장이라도 받아 두면 좋다. 그런 것이 없어도 회사 관계로 아는 사람으로부터 미리 소개를 시켜 달래서 이야기를 부드럽게 진행할 수 있다. 그때에 쓰는 예문을 소개해보겠다.

"존슨 부인으로부터 귀하를 소개받은 사람인데, 지난 주 서울에서 막 이곳에 도착하였습니다. 본인의 8살 난 남자아이를 귀교에 입학시키고 싶습니다. 이 문제로 한번 만나 뵐 수 없는지요?"

Dear Mr. ....

I have been referred to you by Mrs. Johnson.

My son and I arrived here from Seoul last week, and I would like to enroll him in your school. He's eight years old. I would appreciate it if you could arrange an appointment for an interview for orientation.

Yours truly,

....

편지 모두의 Dear Mr.부분은 상대방이 여성인 경우에는 Dear Mrs. 또는 Dear Miss.로 쓴다. 부부의 경우 I를 We로, him은 our son으로 한다.

결석계는 전화보다도 서면으로 하는 편이 한층 예의 바르다. "독감으로 3월 5일 및 6일, 화요일과 수요일에 학교를 쉬고 싶다."는 내용은 다음과 같다. Dear Mr. 뒤에 담임 선생님의 이름을 쓰지만, 미국의 초등학교에서는 거의 여성인 관계로 Dear Mrs. 라는 경어를 사용하는 일이 많다.

Dear Mr. ⋯⋯⋯⋯⋯⋯⋯

Please excuse Insu's absence from school on Tuesday and Wednesday, March 5th and 6th.

He had a bad cold.

Sincerely yours,

⋯⋯⋯⋯⋯⋯⋯

16 선물에 첨부하는 편지

카드에 many thanks 라든가 my appreciation라고 써서 선물과 같이 보내는 것도 세련되지만, 역시 정성이 담긴 감사 편지를 보내는 것이 좋다.

전문점이나 백화점에서 선물을 발송시킬 때는 다음과 같은 내용의 편지를 써 보내는 것이 좋다.

Dear ·······················

Allow me to offer small present as a token of my appreciation. The present was sent separately and should arrive tomorrow.

With my best wishes.

Sincerely yours,

·······················

일반적으로 "성의뿐이지만 변변치 못한 물건을 따로 보내 드립니다. 즐겁게 받아 주세요."라는 영어는

I am sending you a small present by separate mail. I hope you will delight me by accepting it.

라고 해도 무난하겠죠.

I hope이하의 부분은 간단히 Please accept it.

라고 써도 괜찮다. 편지에 동봉할 때는,

I'm enclosing a small present as a token of my appreciation.

고 하면 좋다. 생일이라든가 결혼기념일에 무엇인가 선물 할 때 다음과 같은 내용
으로 쓰는 것이 적절하다.

Dear. ⋯⋯⋯⋯⋯⋯⋯⋯
I'd like to wish you many happy returns of the day by sending you a small present. I hope you like it.

Sincerely yours,

⋯⋯⋯⋯⋯⋯⋯⋯

주 문

물건을 제조회사나 백화점에 주문하는 것은 개인적인 사교에서 비즈니스 세계에 한 발 들여 놓은 것이라고 할 수 있다. 여하튼, 이러한 상황에는 우선 정확한 문체가 요구된다는 것을 명심하자.

모두(冒頭) 경어도 Dear Mr. 또는 Dear Mrs.의 형식으로 Gentlemen: 또는 Dear Sirs:의 형식으로 바뀌므로 긴장될지도 모른다.

말미경어는 이제까지 잘 알고 있던 Sincerely yours,가 좋지만, 신선한 느낌을 내자면 Cordially yours,로 한다.

가령 12월 15일 토요일에 어느 백화점에서 보내준 카달로그를 보고 파란색의 슬리퍼 두 켤레 및 타월 세트를 주문하는 내용을 영어로 해보자.

카달로그를 받고 싶을 때는 거리낌 없이 모든 카달로그를 보내 달라면 모든 상품을 검토할 수가 있어 안심이 된다.

이때는, Please send me your complete catalogue.

하면 된다. 너무 간단하니까 김이 빠진 것 같다.

영국이나 미국에서는 흔히 수표를 발행하니까, 물품 대금을 수표로 하여 동봉하는 것을 가정하고 편지를 쓰면 다음과 같다.

모두 경어에 Gentlemen:을 사용하는 것은 미국식 영어고, 영국이나 유럽에서는 Dear Sirs:의 형식이 많다.

Gentlemen :

Please send me the following items as advertised in your catalogue which I received on Saturday, December 15:

2 pairs of slippers, blue (#10)	$20
1 towel set (#25)	$15
Postage	$3
total	$38

I enclose a check for $38.

Sincerely yours,

....

만일, 주문한 물건이 몇 주일이 지나도 오지 않으면 독촉장을 써 보내야 한다. 이 경우의 문체도 대개 정해져 있다.

Gentlemen :

Please check on the delayed delivery of my order for 2pairs of slippers, blue (#10) and I towel set (#25) as advertised in your catalogue which I received on December 15. They have not arrived yet.

Will you please see it that my order is delivered quickly?

Sincerely yours,

....

18 호텔 예약

자기 혼자서 해외여행을 떠나 그곳에서 호텔을 예약해야 하는 일도 많아졌고, 정확한 영어를 구사한다고 하는 사람도 자기 멋대로의 영어를 하는 사람이 상당히 많은 것 같다. 하나라도 정확한 영어를 기억해 두도록 하자.

예약하는 선금이 필요하다는 사실을 알지 못하고 여행을 떠나는 사람도 많은데 특별한 행사가 있는 기간에는 이 점을 알아 두는 것이 중요하다.

편지 내용에 꼭 필요한 항목은,

"도착 일시"(hour and date of arrival), "체재 일수"(length of stay),

"숙박료, 예산"(price range), "사람 수"(number of people) 등이다.

가령 2005년 5월 7일, 8일 오후 3시 도착 예정으로 목욕탕이 딸린 "트윈 룸"을 예약하려는 내용의 편지는 다음과 같다.

수신인은 "지배인"을 의미하는 The Manager를 쓰는 것이 보통인데, 미국에서는 항상 호텔에 거주하고 있는 지배인을 The Resident Director와 같은 명칭으로 부르고 있으나, 이는 Manager와 별로 차이가 없다.

오후 1시경까지 체크아웃(check out)하는 호텔이 많으니까, 일단 정오까지는 체크아웃하는 것으로 전제하고 있어야 한다.

March 3, 2005
The Manager

....

Dear Sir,

Please reserve a twin room with bath for the nights of May 7th and May 8th.

We will arrive at 3 p.m. on May 7th and plan to check out around noon, May 9th.

Please send us a confirmation.

Very truly yours,

....

19 입국 카드

입국 카드(landing card, disembarkation card)는 나라에 따라 그 형식이 다르지만, 그 내용은 대체로 같다. 그러나 영국에서 성명의 "성"은 surname인데, 미국에서는 family name이므로 영어에 자신이 있는 사람도 순간적으로 당혹하는 수가 생기므로 여행 전에 용어를 확인해 두는 편이 좋겠다.

입국 카드, 정식으로 입국 기록증으로 불릴 수 있는 것이니까, 개중에는 출국 기록증을 겸하고 있는 것도 있다.

기내에서 배부되니까 해당 사항을 써 넣고, 입국시 출입국 관리에게 넘겨주도록 되어 있다.

그 명칭은 다음과 같다.

LANDING CARD

DISEMBARKATION / EMBARKATION CARD

APPLICATION FOR LANDING

PASSENGERS ARRIVAL CARD

INCOMING PASSENGER CARD

1. Surname(성)

▶이곳에 family name 을 표시하는 일도 있다.

Forename(이름)

성명의 명

Maiden name 구성(舊姓)

▶여성이 결혼하기 전의 이름

First name(명)

▶서명의 "명"쪽 christian name 또는 Given name으로 표시하는 일도 있다.

Male은 "남성", Female은 "여성"

Never married는 "미혼"

Widowed는 "미망인"

Divorced는 "이혼한 남성"

2. Date of Birth(생년월일)

▶October 10, 2005 같이 쓰는 것이 미국식이고, 유럽이나 영국에서는 10 October 2005으로 쓰는 것이 보통이다.

3. Place of Birth(출생지)

▶가령, 서울이라면 Seoul City라고 쓴다.

4. Nationality(국적)

▶한국인이라면 Korea라고 쓰고 citizenship(시민권)이라고 표시되어 있을 때는 Korean으로 쓴다.

5. Occupation(직업)

▶여권에 기재되어 있는 명칭을 그래도 쓸 것.

6. Permanent Address(본적지)

▶123 Dobong-dong, Dobong-ku, Seoul 같이 쓴다. Permanent Home Address는 "현주소"를 말한다. "현주소"는 Present Address로도 표시되는 일이 있으며, domicile 이라는 용어로 불려지기도 한다.

7. Number of Passport(여권번호)

▶No, 는 Number(번호)라는 뜻.

Issued on은 (발행일)인데, 가령 "2005년 11월 15일"이라면 15 / 11 / 2005로 쓰지만 이것은 영국이나 유럽식의 기재방식이니까, 자기가 갖고 있는 여권에 기재되어 있는 대로 쓰는 것이 좋다.

At는 "발행지"로 이것도 여권에 기재된대로 쓸 것.

8. Airport of Embarkation(출발공항)

▶인천 국제 공항이라면 In Cheon International Airport라고 하면 된다. 그 밖에 뉴욕의 케네디 국제 공항에서 런던의 히드로 국제 공항까지 갈 때는 출발 공항란에 John. F. Kennedy International Airport로 기입하면 된다.

9. Visa(사증)

▶나라에 따라 사증에 관해서 기재를 요구하는 일이 있다. Period of Validity는 "유효기간"이란 말이지만, Expiration Date(만료 기일)라는 표현을 쓸 때도 있다.

10. Purpose of Visit(방문목적)

▶이 란은 영어 회화의 전형적인 문구에도 잘 나온다. 관광 여행은 On vacation 또는 For sightseeing, 업무 여행은 Business라고 기입하면 된다.

11. International Length of Stay(예정 체재 일수)

▶잠시 체제 예상 일수를 생각해서 쓰는 것이 좋다.
3일이면 5일, 1주일이면 2주일로 적어두면 예상치 못한 사태에 대응할 수 있다.

12. Contact Address(연락처)

▶입국할 나라의 호텔 또는 친지의 집 주소를 기입하는 것이 보통이다.

13. Signature(서명)

▶서명은 언제 써도 같은 모양이 되도록, 다른 사람이 흉내낼 수 없도록 연습해 둔다.

직업란에 "회사 사장"은 Company president "회사 임원"은 chief executive와 같이 된다. 여행 목적이 "공무"인 경우는 official mission이 좋다. proposed address is 또는 Intended Address is는 다음에 공백이 있어 기재를 요구할 때는, 체재 도시명과 호텔 이름 또는 친지댁 주소 등을 기재한다.

20 문 상

　문상 편지는 부고를 받자마자 곧 바로 보내야 하니까, 먼저 애도의 뜻을 나타내고 위로의 말을 쓰는 일이 많다. "부친께서 별안간 돌아가시게 되어 매우 놀랐습니다."(I was shocked to hear the sudden death of your father.)는 전형적인 문체지만, "여러분의 비통한 심정 헤아려 마지않습니다."(I can well appreciate what a treat loss this must be to all of you.)라는 표현도 영어에 자주 쓴다.

Dear ‥‥‥‥‥‥‥‥‥

　It was with great sorrow that I heard of your father's death. I know how difficult it must be for you. I respected your father. He was a very good person. My deepest sympathy to you and your family

Affectionately yours,

‥‥‥‥‥‥‥‥‥

🖐 I know는 I certainly understand 또는 I can imagine이라고 해도 괜찮다.

21 사과 · 거절

"여하간 사과를 드리며 이만 줄입니다."같이 한국의 편지 예문에서는 끝에 오는 표현을 영어에서는 맨 처음에 쓰는 일이 많다. "우선 폐를 끼쳐 드려서 진심으로 사과드리고 싶습니다."

First of all, I would like to express my heartfelt apologies for causing you trouble.

친구에 대해서 미안하다는 마음을 분명히 밝힐 때는

I am really sorry for my carelessness.라든가

Please excuse me for my failure.이 좋을 것이다.

여기에서 쓴 carelessness는 "부주의", failure는 "실수"를 의미하고 있지만 그 외에 "욕"은 abusive words, "모욕적인 말"은 contemptuous words로 한다.

"기대에 미치지 못해 변명의 여지가 없다고 생각합니다."

I am really sorry for letting you down,

같이 간단히 표현할 수 있다.

비즈니스 따위에 상대방의 요청에 응할 수 없어서 상담을 거절할 때는 여러가지 예문이 있지만, 확실하게 거절 할 때는,

We regret our inability to meet your requirements, but look forward to your continued favors and attention.

가 좋을 것이다. But 이하의 부분은 "이후 잘 부탁합니다."라는 의미가 포함되어 있는 비즈니스 사교 표현이다.

We really cannot be helpful, but hope that you will understand our position.

"요청에 응하지 못해서 유감입니다만, 본인의 입장도 생각해 주십시오."라는 내용이다.

"폐를 끼쳐 드려 진심으로 사과하는 바입니다. 이후에는 이러한 일은 두 번 다시 되풀이되지 않도록 약속합니다."라는 문장을 영어로 한번 해보자.

Dear ⋯⋯⋯⋯⋯⋯⋯⋯
    I am really sorry for causing you trouble, I promise that I will never repeat the folly.

Sincerely yours,

⋯⋯⋯⋯⋯⋯⋯⋯

"요청에 응할 수 없어 유감스럽습니다만, 양해하여 주시기를 바랍니다."라는 영어는 어떻게 쓸까?

Gentlemen :
    I regret my inability to meet your requirements, but hope that you will understand the circumstances.

Sincerely yours,

⋯⋯⋯⋯⋯⋯⋯⋯

22 상품 견본의 발송 의뢰

최근에는 개인이라도 해외에서 상품을 수입하는 사람이 늘고 있지만, 상사가 해외 거래를 시작하려 할 때도 먼저 손을 쓸 곳은 상품 견본을 발송해 달라는 부탁일 것이다.

개인이나 상사의 경우에도 상품 견본을 보내 달라는 데는 신용 있는 외국의 회사로부터 소개를 받았다는 형식을 사용하는 것이 좋다. 물론 은행이라든가 대사관을 통해 소개 받았을 때는 상대방으로부터 신용도 높아지게 된다.

세계 무역 협회의 조사부장인 잭맨 씨의 소개를 받았다는 것, 신용할 수 있는 소형 에어컨 제조업자를 찾고 있다는 것, 샘플로 최신 제품을 얼마간 받아 보고 싶다는 것을 내용으로 하여 영문 편지를 하나 작성해 보자.

마지막에 "잘 부탁한다."라는 말과 함께 "조속한 회신을 받고 싶다."는 요지의 말을 잊지 않도록 한다.

Gentlemen :

We were referred to you by James Jackman, Director of Research of the World Trade Association. We are looking for a reliable maker of small air conditioners and we would be very grateful if you could send us some of your latest products to serve as samples.

Thank you in advance for your kind cooperation. We are looking forward to hearing from you soon.

Truly yours,

....

23 무역실무 영어

　신용 조회에서부터 상담이 시작되어 거래 제의에 대한 수락 편지를 받음으로 거래가 진행되므로 무역에 관한 서한은 하나하나가 매우 중요하다.

　가령, 6월 12일에 래리 핸더슨이라는 미국의 바이어가 방문한다는 사실을 알리는 편지를 받았다고 하면, "예정 도착 시간"(ETA)과 "체류할 호텔 이름"등을 문의하여야 한다.

　이러한 내용의 영어를 생각해 보자.

　어느 때나 Dear Mr…, 또는 알고 있는 사이라면 Dear Tom과 같이 쓰는 것이 좋지만 업무상의 편지는 구두점을 찍는 방법이 다르다. Dear Mr…, 또는 Dear Tom, 대신에 Dear Mr…: 또는 Dear Tom: 과 같이 콤마 대신에 콜론을 쓰는 쪽이 좋다.

　무역서한이라 하지만 그렇게 어려운 것은 아니고, 대개 서식이 정해져 있는 경우가 많으므로 그런 것들을 참고하면 좋다. 회사에서는 해외에서 온 편지의 서식을 참고 삼아 괜찮은 것을 사용하는 경우도 있다.

　다만, 하나 중요한 사실은 어떠한 서식을 사용하기 시작했다면 시종일관 그 서식대로 쓰는 것이 좋다. 계속성(continuity)을 전제로 한 회사의 자세를 보여 줄 필요가 있기 때문이다.

　편지를 받았다는 내용을 쓸 때는 대부분 Thank you for your letter of 다음에 받은 날짜를 적는다.

　이렇게 하여서 다음과 같은 편지가 되었다.

Dear Tom:

Thank you for your letter of June 12th, informing us of the forthcoming visit to Korea of Mr. Larry Henderson, a prospective buyer.

We would very much like to meet him. We would appreciate it if you could let us know the time of his arrival and the name of the hotel he will be staying at. My regards and best wishes.

Sincerely yours,

....

My regards and best wishes. 이하는 친구 사이의 관계라는 느낌이 들지만, 회사의 직원으로써 아는 사이에 쓰는 편지에는 Our regards and best wishes. 와 같이 쓰며 다음에 Sincerely yours, 는 Truly yours, 로 쓰는 편이 좋다.

 무역 실무의 입문에 쓰이는 영문 서식

1. 귀사와 거래 관계를 맺고 싶습니다.

   We would like to establish a business connection with your firm.

   또는 We desire to open business with your firm.

2. … 부터 귀사를 소개 받았습니다.

Your name and address have been mentioned by⋯

3. ⋯ 전에 관해서 알려 주시지 않겠습니까?

We are very much interested in⋯

또는 Please inform us of⋯

전통적인 중후한 표현을 쓴다면

It would be greatly appreciated if you could kindly

send us information concerning⋯

또는 We would be very much obliged if you could inform

us of⋯의 서식이 좋을 것이다.

4. ⋯ 부 귀하의 서신을 받았습니다.

We acknowledge with thanks your letter of⋯

5. ⋯ 부 귀하의 서신에 대해 ⋯ 회신하는 바 입니다.

In reply to your letter of⋯,

we inform you that⋯

또는 As you mentioned in your letter of⋯,

We are pleased to inform you that⋯

여기에 쓰여진 As you mentioned는 "언급하신 바와 같이"라는 뜻.

6. 청구하신대로 카달로그 일부를 동봉합니다.

In compliance with your request, we enclose

herewith a copy of our catalogue.

catalogue는 catalog로 써도 좋지만,

영국이나 유럽에서는 catalogue로 쓸 때가 많다.

7. ⋯ 건은 유감으로 생각합니다.

We note with regret that⋯

또는 Much to our regret we have to advise you that⋯

8. 본 ⋯ 부 전보는 다음과 같이 확인합니다.

We confirm our cable of today as follows:⋯

또는 This is to confirm our cable of today to the

following effect:…

9. 귀하의 주문을 기다리겠습니다

We await the favor of your orders.

또는 Please let us know if we can be of service.

10. 폐를 끼쳐 드려 깊이 사과드립니다.

Please forgive us for the inconvenience caused.

"이 건만 관한"라는 것을 집어 넣어

We sincerely apologize for the inconvenience this matter has

caused you. 라고 해도 좋다.

11. 유감스럽게도 주문에 응할 수 없게 되었습니다.

We regret that we are unable to cooperate with you in this matter.

또는 **We are sorry to inform you that we are not in a position to accept your order.**

12. 지급으로 회신해 주십시오.

We hope to hear from you soon.

또는 **We are awaiting your prompt reply.**

soon이란 "가까운 시일안에"라는 뜻이 있으므로,

형식적인게 아니라 정말 지급을 요할 때는 immediately를 쓴다

24 전 보

외국에 전보를 칠때도, 나라에 따라 국내와 똑같이 축전이나 조전에 대해서는 약어로 된 전보라는 것이 있으니까 그것을 이용하면 편리하다.

전보에는 "서신전보"(LT), "통상전보"(Ordinary Telegram), "지급전보"(URGENT)의 세 종류가 있는데, 지급 전보는 요금이 비싸다. 발신 후 3시간 정도 걸리는 통상 전보를 이용하는 사람이 많다.

서신 전보는 통산 전보보다 더 싸므로, Night Telegram이라고 불리어지고 있으며, 야간의 한가한 때에 발신되므로 다음날이 되어야 도착된다는 것을 각오하고 있어야 한다.

전문(message)는 전부 대문자로 된 활자체로서 전보 신청용지(telegram form)에 기입한다.

 자주 사용되는 축전 · 조전의 영어

1. 진심으로 생일을 축하합니다.

Love and best wishes for a happy birthday.

간단히 하면 Many happy returns of the day.

약간 길게 하면 Wishing you health and happiness on your birthday and for many years to come.

2. 약혼을 축하합니다. 내내 행복하시기를.

Delighted to hear the good news and wish you great happiness in your married life.

Congratulations on your engagement and best wishes for many years to come.라고 해도 좋다.

3. 결혼을 축하합니다. 한 평생 행복하시기를.

Heartiest congratulations on your marriage and best wishes for a long and happy life.

상품권을 축하 선물로 보낸다는 것을 알릴 때에는 Please use this Gift Order in any way that add to your happiness.

4. 결혼기념일을 진심으로 축하드립니다.

Best wishes and love to you on your anniversary.

5. 두 분에게 진심으로 축하드리며 아울러 아기의 건강과 행복을 빌겠습니다.

Heartiest congratulations to both of you and happiness and health to the new-born baby.

6. 진심으로 졸업을 축하합니다.

Best wishes and congratulations on your graduation.

7. 승진하심을 축하드립니다. 앞으로도 행운이 오도록 빌겠습니다.

Congratulations on your promotion and good luck in the future.

8. 개업을 축하합니다. 장래 번창하시기를 빌겠습니다.

Congratulations on the opening of business and my best wishes for a prosperous future.

9. 안전한 여행이 되도록 빌겠습니다.

Bon voyage! Have a safe journey.

즐거운 여행을 하시고 무사히 도착하시길 빕니다.

Sincere wishes for a delightful trip and a happy landing.

10. 진심으로 크리스마스를 축하합니다.

All of my best wishes on Christmas.

All of my best wishes for a Merry Christmas and
a Happy New Year.

위와 같이 크리스마스와 새해를 함께 축하하는 것이 좋다.

11. 새해 복 많이 받으십시오. 행복한 한 해가 되시기를 빌겠습니다.

All of my best wishes for a happy and
prosperous New Year.

12. 이 행복한 날에 저의 사랑 모든 것을 보냅니다.

All of my love to you on this Happy day.

이것은 발렌타인 데이에 보내는 것이 적당하다.

Will you be my Valentine?라고 구애의 표현을 쓸 수도 있다.

13. 부활절을 맞아 축하드립니다.

All of my best wishes for Easter.

14. 추수감사절을 맞아 축하드립니다. 즐거운 감사절이 되시기를 빌겠
습니다.

All of my best wishes for
a Happy Thanksgiving.

15. 병상에 누워 계시다니 매우 유감스럽게 생각합니다. 빨리 완쾌 되
시길 빌겠습니다.

I was very sorry to hear of your illness.
My best wishes for a quick recovery.

16. 귀하의 슬픔을 진정으로 애도합니다.

My deepest sympathy in your great sorrow.

끝으로 대문자만으로 쓴 경우의 예문을 두개 들었으니 참고하기를 바란다.

1. 악서덴틀 석유회사의 사장에 취임하심을 진심으로 축하드리며, 아울러 앞날의 성공과 행복을 빌겠습니다.

HEARTIEST CONGRATULATIONS ON YOUR APPOINTMENT AS PRESIDENT OF OCCIDENTAL OIL COMPANY STOP WE WISH YOU CONTINUED SUCCESS AND HAPPINESS

2. 모친상을 별안간 맞게 되심에 진심으로 애도하는 바입니다.

PLEASE ACCEPT MY HEARTFELT CONDOLENCES ON THE SUDDEN DEATH OF YOUR MOTHER.

25 명함 만드는 법

    명함에는 개인이 사교에 사용하는 "사교용 명함(social card)" 및 회사의 샐러리맨이 영업용으로 사용하는 "비즈니스 카드(business card)"가 있어, 둘 다 주로 방문용 또는 소개용으로 사용되고 있다.

    사교용 명함에는 주소를 기재하느냐, 하지 않느냐는 개인의 문제이나, 구미에서는 이름만 인쇄하는 일도 있다. 물론, 방문이라든가 소개할 때마다 주소나 전화번호를 적어 넣는 경우가 많은 사람은 역시 처음부터 인쇄해 두는 편이 편리하다. "주소"(address)는 언제나, 중앙에 인쇄된 이름 아래 오른쪽에 인쇄한다. 현재 구미에서 사용되고 있는 개인용 명함을 주소가 인쇄되어 있는 것을 조사하여 보면, 대개 거리명, 도시명, 주(州) 따위의 행정 구역 명칭, 우편 번호등이 기재되어 있다.

    주소는 거리명 따위는 약어로 Tm는 일이 자주 있으나 개인용 명함에서는 홀 스펠링으로 쓰며 생략하지 않는 쪽이 좋다. 다만, 뉴욕 같은 대도시라면 10번가 이상의 가로명이 있을 테니까 "10번가"까지는 Tenth Street로 하고, 10번가 1번지는 1Tenth Street가 아니고, One Tenth Street로 하는 것도 영어의 전통적인 용법이다.

    회사에서 쓰는 영업용 명함은 개인용 명함하고는 다른 점이 많다. 영업용 명함은 개인의 사교 목적에 사용할 수 없지만, 개인의 사교용 명함을 영업용 명함으로 사용해도 무난하다는 것이 구미의 상식으로 되어 있다. 영업용 명함에서 이름 앞에 Mr.를 인쇄하는 일은 없지만, 개인 명함에서는 자주 쓰이고 있다. 영업용 명함에서는 반드시 번지와 우편 번호가 인쇄되어 있지만, 개인의 사교용 명함은 그런 것에 제한이 없다. 미국의 경우 번지를 기재한다는 것은 개인용 명함이니 영업용 명함도 한 가지이나, 주 이름은 스페이스가 있을 때 풀 스펠링으로 쓰는 것이 영업용으로 좋다. 영업용 명함은 흰 바탕에 검은 잉크로 인쇄한 것이 보통이지만, 미장원, 꽃가게, 전문점, 레스토랑 등에서는 저마다 선전이나 특색을 살리며 색이 있는 카드를 사용하고 있다. 그러한 경우에도 경영자나 중역은 화려한 색의 잉크나 용지를 피하는 일이 많다.

영문으로 된 영업용 명함도 중역 정도 되면 개인의 이름이 중앙에 위치하므로 좌하단의 회사명보다 위에 있게 되지만, 중역이 아닌 경우에는 우선 회사명이 중앙에 인쇄되어 부장 이하의 일반 직원들은 이름이 좌하단 구석에 인쇄되어 있다.

뉴욕 5번가 84번지에 살고 있는 존 엠 그린 씨의 명함은 아래와 같이 된다.

John M. Green
publisher

84 FIFTH AVENUE
NEW YORK. N. Y.
(001)007-2000

Publisher라는 것은 "출판업자"라는 의미이다. N.Y.란 "뉴욕주"라는 말로써 사실은 그 다음에다 우편 번호(zip code)를 써 두어야 한다.

존 엠 그린 씨가 그린 출판사의 평사원이면, 다음과 같은 영업용 명함을 만들게 된다.

GREEN PUBLISHER
UNIVERSE BOOKS. OMEGA BOOK CO.
CATSEYE INTERNATIONAL. L PRESS

JONH M. GREEN
SALES REPRESENTATIVE

84 FIFTH AVENUE
NEW YORK. N. Y. 10016
(001)007-2000

서론이 길어졌지만, 우리나라 사람이 영문 명함을 만들 때는 순수한 개인용 명함을 만들려는 사람은 그리 많지는 않은 것 같다. 대개는 근무처에서 쓰는 명함을 개인의 사교에도 전용하는 일이 많다.

그러한 이유로 일반적인 샐러리맨의 명함을 생각해 보자. 우선 이름, 직함, 회사명 또는 소속 기관명 등이 명함 중앙에 온다. 그리고 왼쪽 아래 구석에 근무처 주소와 전화 번호, 오른쪽 아래에 자택 주소 및 전화 번호를 적는 것이 일반적이다. 그러면 다음과 같은 명함을 만들 수가 있다.

KIM MIN-SU

BUSINESS MANAGER
KOREA TRACING COMPANY

OFFICE: RESIDENCE:

....

....

KOREA   KOREA

PHONE: ....   PHONE: ....

26 이력서 쓰는 법

영문 이력서라는 말은 "퍼스널 히스토리"(Personal history) 또는 "커리큘럼 바이티"(curriculum vitae)로 불려지고 있다. "커리큘럼 바이티"라는 말은 라틴어를 영어로 읽는 것이다. 우리나라 이력서와는 틀려서, 이력서 맨 끝에 "상기와 여히 상위 무함"이라고 쓸 필요가 없다.

하버드 대학이나 켐브리지 대학 졸업생들도 취직이나 아르바이트를 할 때에는 "약력"(resume)을 써야 될 경우가 많은데, 우리나라 사람들이 쓰는 영문 이력서와 대체로 비슷하다.

구미인은 자신의 화려한 경력을 자랑하는 것보다, 간단하게 약력에 관해 쓴 것을 더 많이 사용하고 있다. 이 약력(略曆)이란 말은 "레주메" 또는 "레주메이"인데, 이 말은 프랑스 말로 개요·요약이란 뜻으로 좀 아는 사람들 사이에 통용되고 있는 것 같다.

이력서 끝에 기재하는 "특기"(Special Qualifications), "업적"(Accomplishments), "자격"(Qualifications), "면허"(Licences), "상"(Awards) 등은 특히 강조해서 써도 괜찮다. 구미인은 특히 이러한 항목을 상세히 쓰는 경향이 있다.

그러면 다음과 같이 대강 영문 이력서 형식을 나타내고 영어 밑에는 우리나라 말을 번역하여 알기 쉽게 하였다.

"上記와 相違無"이란 표현을 한 번 영어로 써 보면, The above statement is all truth to my correct memory.가 된다.

Personal History(이력서)

Name(성명) :
Date of Birth : October 10, 1986
Place of Birth(본적지) :
Present Address(현주소) :
Phone(전화 번호) :
Marital Status(결혼 유무) : Single(독신)
Education : Graduated from......................(... 졸업)
            Graduated from......................(... 졸업)
Occupation(경력) : ....
          (2005~현 재직)
Qualifications(자격) : ....
Reference(신용조회처): ....

March 31, 2006

                      Signed(서명)

전술한 바와 같이 대강 이력서에 대해서 설명했지만, 좀더 이력서의 형식과 내용에 대해서 이야기하여 보기로 하자.

이력서의 형식에 대해서는 대체로
1. 수필을 쓰듯 자기 신상 내력을 써 내려가는 작문식 이력서(Personal History)
2. 우리나라의 이력서 양식과 비슷한 기입식 이력서(Curriculum Vitae)
3. 신상명세서와 같은 절충식 이력서 (Personal Records)등
세 가지로 구분할 수 있다.

기재 내용은

(1) 인적 사항(Personal data ; Biographical data)

(2) 학력(Education ; Educational background ; Schools attended)

(3) 경력(Experience ; Employment) 등이

줄거리를 이루고 있는 점은 비슷하지만, 작성 형식은 조금 다르다.

우리나라의 이력서의 경우 인적 사항을 적은 뒤에 학력과 경력을 연대순(chronological order)으로 쓰고 그 다음 자격, 면허(Qualifications, Licences) 또는 상벌 관계(Rewards and Punishment)등을 쓰고 "상기와 여히 상위무함"이라고 쓰고 나서 서명 날인하는 것이 통례로 되어 있지만, 영문 이력서에는 취미나 운동, 가입하고 있는 클럽이나 단체, 종교, 그리고 신원 보증인(조회인, References)등을 대개 쓰고 있다.

경력은 실례에서 보듯이 연대순 기입식도 있으나 현재에서 과거로 거슬러 쓰는 것도 있다.

기재 내용을 검토해 보면

(1) 인적 사항(Personal data ; Biographical Data)

성명(Name), 연령(Age), 생년월일(Date of Birth), 출생지(Place of Birth), 본적(Permanent address), 현주소(Present address), 성별(Sex), 신장(Height), 체중(Weight), 신체 조건(Physical condition), 호주와의 관계(Family relation), 결혼 여부(Marital status), 종교(Religion)를 자세히 기재하는 경우도 있다.

기재시 이름은 반드시 full name을 쓰며, 나이는 만(滿) 나이를 쓰거나, 27 years 5 months와 같이 실제의 나이를 정확하게 쓰는 수도 있다. 키는 feet와 inch로, 몸무게는 pound로 적는다. 호주와의 관계는 "~의 차남"이넘 Second son of~처럼 적고, 결혼 여부는 미혼은 Single, 기혼자라면 Married로 쓴다. 종교는 Christian일 경우에는 교과를 밝혀 둔다.

(2) 학력(Education ; Educational background)

연대순으로 쓰는 것이 원칙이며, 보통 고등학교 이상 쓰며 중요한 것이나 최종 학력만을 쓰는 경우도 있다. 대학의 경우 전공(Major)은 물론 부전공, 주요 이수 과목을 쓰

는 경우도 많은 것 같다.

기재 방법을 참고로 말해 두면,

a) 2005년 3월 입학

　　Entered(Admitted)~, March, 2005

b) 2007년 2월 졸업

　　Graduate from~, February, 2007

　　또는 2007년 2월 졸업 예정

　　To graduate from~, February, 2007

c) 2005년 2월 2학년 수료

　　Finished the two-year course at~, February, 2005

　　학교 주소를 쓰는 경우도 있는데, 이때는 보통 소재 시, 도 까지만 쓴다.

　　B. A, B. S, M. A, M. S 같은 학위는 꼭 기재한다.

(3) 경력(Experience ; Employment ; Occupation)

직장명과 부서명, 근무 기간 등을 연대순으로 기재하는 것이 원칙이나, 현재에서 과거로 거슬러 쓰는 경우나 직장의 주소를 쓰는 경우도 있는 모양이다. 특히, 우리나라에서는 대부분의 직장에서 병역 관계를 대단히 중요시하므로 병역 관계(Military service)를 필히 기재하여야 하며, 이때는 입대 연월일, 부대, 제대 연월일 및 계급 등을 기재하도록 한다.

(4) 기타 사항

우리나라의 이력서에서는 볼 수 없는 취미 및 스포츠 등을 쓴다거나, 가입하고 있는 정당이나 단체 등을 쓰는 경우가 많다. 영문 이력서의 말미에는 References라는 항목을 보통 기재하게 되어 있는데 우리나라 이력서의 기재 항목은 아니지만 우리가 보통 입사할 때 제출하는 신원 보증서의 보증인 정도의 의미인 것이다. 그래서 이 항목을 기재하기 전에는 반드시 보증인(추천인)의 사전 동의를 얻어서 기재하여야 하며, 이 경우는 References(with their permission)이라고 밝힌다.

구미에서의 이력서 형식과 그 내용들에 대해서 대강 검토해 보았으니 실제로 다음과 같은 이력서를 예로 들어서 여러 가지 형식으로 한 번 작성하여 보기로 하자.

PERSONAL HISTORY

September 10, 2005

Kim Gil-Sun
94-1 Pomun-dong Songbuk-ku, Seoul 135-084
Phone : 02-606-XXXX

Personal Date

Permanent Domicile : 23-4 Chongno-gu, Seoul
Family Relation :   The first son of Kang Min-Su
Age :   24
Born :   July 26, 1982
Height & Weight :   178cm & 75kg
Marital Status :   Single
Hobbies :   Tennis, horseback riding and scuba
                       diving

Education

March 1989-February 1995 Chongno Elementary School,
                          Seoul
March 1995-February 1998 Junior School, Seoul
March 1998-February 2001 Senior School, Seoul
March 2001-February 2005 The Faculty of Economics of
                          XYZ University

    (Expected)

Work Experience
None

I hereby declare the above statement to be true and correct in every detail.

...........................(signed)

Kim Gil-Sun

References

Mr. Kim Min-u, General Manager of Munhwa Corporation

Tel. (02)626-XXXX

Miss Jang Na-Hui, Professor of XYZ University

Tel. (02)364-XXXX

이 력 서

2005년 9월 10일

김길선
135-084 서울시 성북구 보문동 94-1
전화 (02)606-XXXX

인적사항

본 적	서울시 종로구 23-4
호주와의 관계	김민수의 장남
연 령	24세
생년월일	1982년 7월 26일
신장 · 체중	178cm · 75kg
혼인의 유무	독신
취 미	테니스, 승마, 스쿠버다이빙

학 력

1989년 3월~1995년 2월	종로 초등학교
1995년 3월~1998년 2월	서울 중학교
1998년 3월~2001년 2월	서울 고등학교
2001년 3월	XYZ 대학 경제학부 입학
2005년 2월	XYZ 대학 경제학부 졸업

경 력

없 음

상기와 여히 상이무함을 증명함.

(서명)

김 길 선

신원조회처

문화상사　김민우 부장　전화 (043)626-XXXX

XYZ대학　장나희 교수　전화 (041)364-XXXX

　영어로 이력서라는 표현에는 "curriculum vitae", "personal. history", "résumé", "life sketch" 등의 표현이 있습니다. 이력서는 필요 사항이 망라되고 보기 쉽게 써야 합니다. 한글 이력서와 가장 다른 점은 신원 조회처(References)를 쓰는 것입니다. 이것은 자신의 가족이나 지신의 얼굴을 보아도 전혀 식별할 수 없는 사람은 쓰지 않는 것입니다. 다소나마 자신을 타인과 식별하여 알아주는 사회적으로도 지위가 있는 사람을 선정하는 것입니다. 복수의 사람을 써도 상관없습니다.

　또 학업(Education)이나 직업 경력(Work Experience ; Employment)에는 지난 연대부터 써 가는 방법과 최근의 것부터 지난 것으로 거슬러 써 가는 방법이 있습니다.

(1) 영문 이력서를 쓰기 전에

　영문 이력서를 미국식으로는 résumé라고 부르며, 영국식으로는 Curriculum Vitae라고 부른다. 회화에서는 생략하여 C.V.라고 말하는 일도 있다. 그러나 영문 이력서는 résumé라고 하는 것이 가장 일반적이다.

　영문 이력서는 겉보기도 아름답고 한정된 지면에 당신이 어떻게 상대 기업에 공헌할 수 있는가를 표현하는 일이 중요하다. 하루에도 수백 통의 응모가 있는 기업의 인사 담당자는 우선 한 통에 대해 10초 내지 20초 밖에 시간을 할애하지 않는다. 손으로 쓴 것, 커버 레터가 없는 것, 철자가 틀리거나 고친 흔적이 눈에 띄는 것, 외관이 지저분한 것 등은 읽을 리가 없다.

　또 장황하게 너무 길면 하루에도 몇 백 통이고 읽어야 하는 인사 담당자에게는 역

효과이다. 간결하게 A4 사이즈의 종이 1페이지에 정리한다. 경력이나 자격이 많아도 2페이지까지가 한도이다. 용지는 백색의 질 좋은 종이를 사용한다. 어떤 회사라도 이력서를 보낼 때 복사본도 상관없으나 깨끗한 복사본이어야 한다.

또 한 장씩 타자기로 타자하는 것이 가장 좋으나 최근에는 성능이 좋은 프린터가 달린 워드프로세서나 컴퓨터가 있으므로 이들을 사용하여 타자 실수를 방지할 수 있다.

이력서를 당신의 예술 작품으로 생각하라. 훌륭한 내용이라도 균형이 잡히지 않거나 외관이 지저분하면 그 가치는 반감은커녕 아주 망치게 된다. 상하 여백의 맞춤법도 중요하다. 너무 종이 가득히 쓴 것이나 행간이 없이 꽉 들어차게 쓴 것도 읽기 어렵다. 레이아웃을 깨끗이 균형 잡아 정리한다.

(2) 이력서의 계획과 구성 요소

한글 이력서와 영문 이력서가 크게 다른 점은, 한글 이력서는 단지 경력을 늘어놓는 것에 비해 영문 이력서에서는 어떻게 자신이 매력적인 인재인가를 스스로 선전하여야 한다는 것이다.

한글 이력서는 시판되는 인쇄된 용지가 있어 그대로 써넣기만 하면 되지만, 영문 이력서는 특정의 용지도 없고 형식, 내용도 모두 자유로우나 하나부터 자신이 만들어 내야 한다. 한글 이력서의 경우 글씨를 잘 쓰는 것이 인상을 좌우하지만, 영문 이력서의 경우 손으로 쓰는 일은 요즘 거의 없다. 그러므로 글씨를 못 쓰는 것을 그리 걱정할 필요는 없겠다. 다만, 내용이 매우 중요하다.

외자 기업을 목표로 하는 당신은 영어에 자신이 있고 이제부터 영어를 활용하여 업무를 수행할 각오가 되어 있을 것이다. 그래서 이제부터는 한글로 쓰고 영문으로 번역하는 것이 아니라, 되도록 영어로 생각하여 직접 영어로 쓰도록 습관을 들여야 할 것이다. 그러면 실제로 영문 이력서를 쓰기 전에 다음 페이지에 당신의 데이터를 써 넣어 보자. 물론 영어로 쓴다.

A. 성명

당신의 성명을 성, 이름의 순서로 쓴다.

B. 주소

자택의 주소만 쓰고 영문 이력서에는 본적지가 필요 없다.

한국식과 반대로 (아파트 이름과 동·호수), 번지, 종, 구, 시, 도 , 우편 번호의 순서로 쓴다.

C. 전화 번호

회사 측에서 당신에게 연락을 취할 수 있는 전화 번호가 필요하다.

혹시 모를 경우를 염두하여 부모나 친척의 번호를 연락처로 써도 좋겠다.

D. 학력

최근의 것부터 순서대로 적는다. 대졸의 경우 대학 이상의 학력을 적으며 전공도 적는다.

예) B. A. degree in Economics(경제학 학사)

M. A. degree in Psychology(심리학 박사)

E. 상 및 표창

특별한 상 또는 장학금을 받았거나 표창 받은 사항은 반드시 적자. 또 성적이 우수하여 학교 리스트에 등재된 사항도 적자.

혹시 아무것도 적을 것이 없어도 실망할 필요는 없다. 그 경우에는 상이나 표창에 관해서는 적지 않아도 좋다.

F. 경력

현재까지 근무한 회사의 이름, 주소와 근무 기간, 최근의 사항부터 순서대로 적는다.

담당 업무와 업적 직함 : 되도록 구체적으로 어떤 내용의 업무를 하고 있는가를 써낸다. 여기서는 '겸손은 미덕' 이라는 한국인 특유의 사고 방식을 버리고 자신이 어떻게 회사에서 책임 있는 업무를 하였는가를 선전하여야 한다.

예를 들면, 당신이 차 심부름이나 서류 정리나 하고 있어도 이 사실을 그대로 쓴다면 면접까지 도달할 수는 없을 것이다.

여기에서 발상을 바꾸어 어떻게 당신의 업무가 책임 있는 업무로서 회사에 공헌하였는가를 상대방에게 전달하도록 간결하게 써야 한다. 당신 개인의 업적이 아니더라도 당신이 보좌하는 입장이었던 경우나 당신을 포함한 팀으로서 올린 업적도 적어야 할 것이다.

당신이 아직 경력이 없거나 경력이 짧은 경우 아르바이트 경력도 써내자.

예를 들면, 레스토랑의 웨이트리스를 한 경우 단지 웨이트리스라고 쓴다면 안 쓰는 것만도 못하다.

다른 웨이트리스 전원의 아르바이트 급료 관리를 하였거나 무엇인가 책임 있는 업무를 경험하였는가를 말하는 것으로서 상대방의 관심을 끌 수가 있다.

또 아르바이트로 험한 세상에 나와 일하였다는 사실은 협조성도 배양되었으므로 전혀 경력이 없는 사람의 경우에는 도움이 되는 아르바이트 경험은 꼭 쓰도록 하자.

G. 어학력

외자계에서 일하는 경우에는 당연히 어학력이 중요한 점이 된다. 영어를 잘 할 수 있는 것은 당연하나 단지 English : fluent라고 쓰는 편보다 TOEFL, TOEIC 등의 시험 점수를 가지고 구체적으로 쓰는 걸 요구하고 있음을 명심하자.

당연한 일이지만 이들 시험에 낮은 점수 밖에 얻지 못한 때에는 일부러 쓸 필요가 없다. 독일어, 중국어, 프랑스어등 다른 외국어에라도 자신이 있다면 그것을 제시해보도록 하자.

H. 특기

컴퓨터, 워드프로세서, 속기, 그림 등의 특기는 되도록 구체적으로 쓴다.

I. 취미, 스포츠

취미는 당신의 성격과 개성을 어필하는 기회이다. 또 면접시 화제로 삼는 일도 있어서 당신이라는 사람을 인상 깊게 각인 시키는 계기가 된다.

J. 그 밖의 활동

학생 시절 클럽에 참가하여 활동한 경우, 특히 임원 등을 지낸 경우, 스포츠 클럽의 주장이었던 경우는 당신의 지도력, 적극성을 나타낸다.

또 자녀 사친 외의 임원, 지역 자원 봉사 활동 등에 참가한 사실도 당신의 인간성을 나타내므로 활동 내용과 같이 적도록 하자.

(3) 영문 이력서에 필요 없는 요소

A. 사진

한글 이력서에는 사진을 필히 첨부해야 하는 양식으로 되어 있으나 미국에서는 인종 차별 문제 때문에 사진을 요구하는 일은 법률상 금지되어 있다.

한국의 외자 기업의 경우에는 한국인 인사 담당자도 있으므로 사진을 동봉하는 편이 좋을 것이라는 의견도 있으나, 당신이 꼭 사진을 동봉하는 것이 유리하다고 확신하지 않는 한, 또는 상대방으로부터 사진 동봉을 요구받지 않는 한 보내지 않아도 좋다고 생각한다. 또 기업에 따라서는 한글과 영문 양쪽의 이력서를 요구하는 일도 있으므로 그 경우에는 한글 이력서만 사진을 붙이면 좋다고 생각한다.

B. 생년월일

생년월일은 한글 이력서에는 반드시 써야 하는 항목이다.

나이가 조금 많으면 사실 불리하긴 하다.

그러나 나이보다 실력과 좋은 인상의 어필로 승부수를 던져 볼만하니 너무 신경 쓰지 않아도 좋겠다. 요즘은 실력이 가장 우선시 되고 있는 시대이다. 자신의 가능성의 신념을 믿어보자.

C. 배우자, 자녀, 부모, 형제, 자매

D. 성별, 신장, 체중

E. 이직, 전직의 이유

왜 전의 회사를 그만두었는가, 또는 전직을 희망하는가는 면접시 반드시 묻는 것이므로 준비하여 둘 필요가 있으나 굳이 영문 이력서에 언급할 필요는 없다.

면접시 묻는 경우에 과거나 현재의 고용주를 험담하는 것은 나쁜 인상을 주므로 금물이다. 보다 좋은 경험을 찾아서, 보다 자신의 특기를 살리고 싶다는 등의 발전적인 이유가 필요하다

F. 희망하는 급료, 대우

희망하는 급료의 액수나 대우 등은 면접에서도 물어보는 바이다. 해당 회사에서 요구하고 있지 않다면 꼭 이력서엔 적을 필요는 없겠다.

G. 조회처

반드시 명기하되 유리한 조회처가 없는 경우 쓰지 않는다.

REFERENCES : Available upon request

또는

REFERENCES : Will be provided upon request

(조회처는 요구가 있을 때 제출)

등의 관용 문구를 쓰는 것이 무난하다.

H. 건강 상태

건강 상태는 양호한 것이 응모할 때의 전체이므로 특별히 "Excellent"라고 쓸 필요는 없다.

I. 서명

서명은 커버 레터에 하므로 이력서에는 필요없다.

(4) 영문 이력서의 영어

영문 이력서의 구성 요소에서 열거한 예문을 보고 알아차렸을지도 모르지만 영문 이력서에서는 제1인칭 주어인 "I"를 생략하는 것이 상식으로 되어 있다. 왜냐하면 읽는 사람은 이력서에 당신이 당신 자신의 일을 썼다는 사실을 당연히 알고 있기 때문이다. 그리고 "I"를 생략한 편이 분명하고 읽기 쉬운 문장이 되며 1페이지라는 한정된 지면에 당신을 생생하게 표현할 수 있기 때문이다.

또 문법상의 틀림이 없는가를 몇 번이고 확인하자. 한국인이 가장 많이 틀리는 것은 시제가 일치하지 않거나 복수의 "s"를 잊거나 하는 일인데, 주의하면 방지할 수 있는 사항이다. 또 B. A.(Bachelor of Arts)등 누구라도 알 수 있는 일반적인 생략형 이외는 생략형을 피해야 한다.

영문 이력서는 한정된 공간에 자신을 최대한 표현해야 하며 용어도 효과적인 것을 선택할 필요가 있다. 영문 이력서에 자주 쓰이는 용어를 부록에 정리하였으니 경력 등을 쓸 때 참고하기 바란다.(지면 관계상 하나의 용어에 하나의 번역만으로 한정하였다.)

(5) 영문 이력서의 형식

한국의 이력서와 달리 영문 이력서는 이렇게 써야 한다는 규칙이 없으므로 여러 가지 쓰는 형식이 있다. 명칭도 사람에 따라 다르나 이 책에서는 미국에서 가장 널리 쓰이는 다음의 세 가지 형식을 소개하려고 한다.

1. The Chronological(Historical) Resume(연대순의 이력서)

학력, 경력의 연대를 최근의 것부터 열거하는 가장 일반적인 영문 이력서이다. 학교를 졸업하고 처음 취직하는 경우나 경험이 적은 경우에는 학력이 중심이 되고, 사회에 나와 경력이 어느 정도 있는 경우나 경력이 긴 경우에는 경력이 중심이 된다. 어느 것이고 연대를 최근의 것부터 열거한다.

▶Chronological Resume 의 유리한 점 :
· 경력 중심의 Chronological Resume는 근무처는 많으나 동일한 직종에 경력이 많은 경우 경력이 성장해 가는 모양을 보여주므로, 동일 업종에 구직할 때에는 유리하다. 또 최종 EH는 현재의 경력이 희망 직종에 관련되어 있을 때에도 유리하다.
· 학력 중심의 Chronological Resume는 학교를 나와 처음으로 취직하는 사람이나 경력이 짧은 사람에게 적당하다.
· 연대순이므로 작성하기 쉽다.

▶Chronological Resume의 불리한 점 :
· 도중에 경력이 없는 시기가 있는 경우, 예로 여성의 경우 자녀 교육 때문에 몇년 휴직한 뒤에 직장을 찾을 경우 이 형식은 사용하지 않는 것이 좋다.
· 경력이 자주 바뀐 경우
· 연령을 강조하고 싶지 않을 경우
· 경력은 길지만 근무처가 하나이거나 적은 경우

2. The Functional Resume(업무 중심의 이력서)
당신의 업무 경험, 실적을 중심으로 정리한 영문 이력서이다. 연대에 관계없이 희망 업종에 가장 중요하다고 생각되는 업무 경험, 능력을 강조하여 처음에 쓴다.
또 회사별로 할 필요가 없기 때문에 당신의 업무 경험을 자유롭게 배열하여 강조할 수 있다.

▶Functional Resume의 유리한 점 :
· 경력에 공백이 있는 경우 공백을 강조하지 않고 당신의 업무 경험 실적을 강조할 수 있다.
· 경력이 꽤 긴 경우 업무를 정리하여 간결이 쓸 수 있다.
· 연령을 강조하지 않는다.
· 근무처가 자주 바뀐 경우 현재 또는 최근의 업무에 집중할 수 있다.

· 지금까지의 업종과 다른 방면의 업종에 구직하고 싶은 경우

▶Functional Resume의 불리한 점:

· 당신이 일류 회사에 근무하였다는 점을 강조하고 싶은 경우

· 당신의 경력이 신장된 과정을 강조하고 싶은 경우

· 근무처는 많으나 업무가 한정되어 적은 경우

3. The Targeted Resume(목표를 좁힌 이력서)

당신이 희망하는 업종 및 업무를 명확히 특정하게 좁힐 때 사용하는 이력서이다. 상대가 구직자에게 원하는 것을 명확히 이해하여 자신이 얼마나 그 회사에 적합한가를 강조한다.

따라서 각각의 회사에 맞는 이력서를 작성할 필요가 있고 여러 회사에 이력서를 보내고 싶을 때에는 적합하지 않으므로 별로 일반적인 것은 아니다. 그러나 당신이 목표를 특정의 업무 또는 업종으로 좁힐 경우에는 상대방에게 좋은 인상을 줄 수 있다.

또 처음에는 말한 바와 같이 영문 이력서의 형식에는 이렇게 해야만 한다는 규칙은 없다. 자신의 유리한 점을 강조하기 위하여 Chronological Resume와 Functional Resume의 형식을 조합하거나 자유롭게 이들 형식을 조합할 수도 있다.

다음에 열거한 예문을 참고하여 자신의 장점을 효과적으로 강조할 수 있는, 당신만의 개성있는 영문 이력서를 작성해 보자.

27 Follow-up Letter 작성법

■ Follow-up Letter란

외자 기업의 취직 활동에 필요한 편지나 서류는 실제로는 영문 이력서와 커버 레터 밖에 없다. 이력서를 보냈으나 사용자 측에서 아무런 연락도 하지 않는 경우에 다시 보내는 편지, 면접을 받은 뒤에는 사례의 편지, 면접에서 합격되어 그 업무를 수락하는 편지, 또는 거절의 편지 등 여러 가지의 Follow-up하는 편지가 필요하다.

여러 회사에 이력서를 보내거나, 면접을 받거나 하는 경우에 중요한 것은 언제, 어디에 이력서를 보냈는가. 그 후 면접에 연결되었는가, 그 결과는 어떠하였는가 등 모든 일정을 기록해 두는 일이다.

그렇게 하여서 Follow-up Letter를 보낼 타이밍을 놓치지 않고 완료한다. 다음 페이지의 체크 리스트를 이용하자. 여러 회사에 이력서를 보낸 사람은 복사를 하여 이용하자.

1) 영문 이력서를 보내고 2주가 지나도 아무런 연락이 없는 경우

1주로는 상대방이 바빠서 연락할 수 없는 경우도 있으므로 2주는 참고 기다린다.

이 경우 Follow-up Letter를 쓰는 요령은 겸손한 문장으로 절대로 상대방에게 연락이 없는 점에 대해 불만을 토로하지 않는 것이다.

이 편지에는 다시 한 번 영문 이력서를 첨부한다.

Dear Mr. Smith

On May 12, I applied for a job with your company. I'm really eager to work for your progressive company. Therefore I hope you can arrange an interview for me soon.

In case my resume has been misplaced, I'm enclosing copy. I look forward to hearing from you.

Sincerely your,

....

2) 면접이 끝난 뒤 감사의 편지

면접이 끝나고 가만히 결과를 기다리지 말고 되도록 빨리 1주 이내에 감사의 편지를 보내자.

이 편지는 상대방의 관심을 끄는 것만이 아니고 면접의 감사를 표하는 동시에 당신이 얼마나 그 회사에 근무하고 싶은가하는 정열을 어필하는 일이 된다.

Dear Mr. Baker

Thank you for speaking with me lest Tuesday about the secretarial position you have open.

Working in an office relates well to my experience and interests. As you know from the interview, I have worked part-time in various offices including the registration office at my university.

Would you like me to send a recommendation from Dr. Hwangbo, the Registrar?

I understand that my work with you would include working half days on Saturdays. This requirement presents no difficulty for me. Tuesdays and Fridays are best for me for any future interviews you may wish, but I can arrange to meet you on any day that is convenient for you.

Sincerely yours,

....

3) 업무를 승낙하는 경우

업무를 승낙하는 경우의 편지는 간단히 업무를 준 것에 대한 감사와 그 회사에서 근무하는 것을 즐거움으로 여기고 있다는 내용을 쓴다.

Dear Mr. Smith

Thank you for offering me a job as research assistant with your firm. I happily accept. I can easily be at work by July I as you have requested.

I look forward to working with the Black Corporation and particularly to the opportunity of doing research with Mr. Richards.

Sincerely yours,

....

(4) 업무를 거절하는 경우

애써서 합격한 업무를 거절하는 편지는 승낙의 편지와 달리 어려우나 편지로 거절하는 편이 전화로 거절하는 편보다 정중한 인상을 준다.

상대방이 비용과 시간을 들여 구인 활동을 한 결과로 당신을 선발한 것이므로 업무를 받은 감사의 느낌을 쓰는 일이 필요하다.

인상이 좋은 Follow-up Letter를 보내면 나중에 다시 한 번 그 회사를 희망할 경우에도 도움이 된다.

Dear Mr. Black

I enjoyed my visit to your company. I would very much have liked to have worked with the people I met there. I thank you for offering me the opportunity to do so.

However, after much serious thought. I have decided that the opportunities offered me in another job are closer to the interests I developed at the university. Therefore, I have accepted the over job and regret that I cannot accept yours.

I appreciate the courtesy and thoughtfulness that you and your associates have extended me.

Sincerely yours,

🌱 체크 리스트 중 Follow-up Letter(1) 2주가 지나도 아무런 연락이 없는 경우의 편지.
Follow-up Letter(2) 면접이 끝난 뒤 감사의 편지.

28 비즈니스 레터 작성법

비즈니스 레터의 구성

■ 구성과 그 배치

1. 주요 구성 부분

(1) 표제(Letterhead : Heading)

편지 용지에는 미리 회사명, 주소, 전화 번호, 팩시밀리 번호, 텔렉스 번호 등이 인쇄되어 있습니다. 이 부분을 표제라고 합니다.

(2) 날짜(Date)

그 편지를 작성한 날짜 입니다. 이것도 미국식과 영국식이 있습니다.

미국식 : September 27, 2005

영국식 : 27 September, 2005 또는 27th September,2005

미국에서도 미군은 영국식과 같은 날짜 방식을 사용하고 있습니다.

(3) 수신인의 주소 · 성명(Inside Address)

봉투와 내용이 별개로 되어 있을 때 누구 앞인지 알 수 없기 때문에, 봉투에 쓰인 같은 주소 · 성명을 본문의 위쪽에 기재합니다. 이것이 사신(Private letters)과 다른 점의 하나입니다.

(4) 서두(Salutation)

본문에 앞서 사용되는 인사말로서 우리말의 '근계(謹啓)'에 해당합니다.

	미국식	영국식

〈성명, 직위를 모르는 경우〉
· 상대가 1인
· 상대가 1인(여성)
· 상대가 복수
· 상대가 복수(여성)
· 남녀 혼합
	· Dear Sir
	· Dear Madam
	· Gentlemen
	· Ladies
	· Ladies and Gentlemen
	
	· Gentlemen and Ladies
		· Dear Sir,
		· Dear Madam,
		· Dear Sirs,
		· Dear Mesdames,
		· Dear Mesdames
		  and Sirs,
		· Dear Sirs and
		  Mesdames,

〈성명, 직위를 아는 경우〉
· 상대가 1인
· 남성 복수
· 여성 복수
	· Dear Mr. Brown
	· Dear Professor Lucas
	· Dear Mr. Reese
	  and Mr. Hein
	· Dear Messrs. Reese
	  and Hein
	· Dear Ms. Rossi
	  and Ms. Hart
	· Dear Mss. Rossi
	  and Hart
		· Dear Mr. Brown,
		· Dear Professor Lucas,
		· Dear Mr. Reese
		  and Mr. Hein,
		· Dear Messrs.
		  Reese and Hein,
		· Dear Ms. Rossi
		  and Ms. Hart
		· Dear Mss. Rossi
		  and Hart

(5) 본문(Body)

본문은 가능한 한 1장으로 끝나는 것이 바람직하며 어쩔 수 없이 2페이지 이상으로 될 때는 표제가 없는 것을 사용합니다.

(6) 결구(Complimentary Close)

본문 마지막에 끝맺는 인사로 우리말로 '그럼 이만 펜을 놓겠습니다.'에 해당됩니다. 이것도 미국식과 영국식이 있습니다. 다만, 영국에서는 미국식이 상당히 들어와 있습니다. 이 항목에서의 양자 구별은 장차 없어질지도 모르겠습니다.

	미국식	영국식
〈형식적〉	· Very truly yours, · Yours very truly. · Truly yours, · Yours truly,	· Yours sincerely,
〈친교가 있을 때〉	· Sincerely yours, · Cordially yours, · Sincerely, · Yours, · Yours faithfully,	· Sincerely Yours, · Sincerely, · Yours,

(7) 작성자의 성명과 직위(Writers Name and Title)

회사명과 서명자명, 직위와의 사이에 3~5행의 여백을 둡니다. 회사명이 위로 오는 경우와 아래로 오는 경우가 있습니다.

(예1) Western Corporation

(signed)

Michael Roberts

Executive Director

(예2) Choun Co., Ltd.

(signed)

Kim Min-u

Manager

2. 부대적 구성 부분

(1) 참조 번호(Reference Number)

편지가 왕래할 때 편리하도록 참조 번호를 미리 Our Ref: 및 Your Ref:과 같이 발신자용 및 수신자용 양쪽을 기재해 둡니다.

(2) 특정 주소 · 성명(Special Address)

수신자 주소 · 성명 및 표제 사이에 Attention:~이라고 넣고 특정한 부서명이나 개인명을 넣어서 신속한 송달을 목적으로 합니다.

(3) 건명(Letter Subject)

편지 내용을 보아서 수신자가 알 수 있도록 한 것입니다.

Subject : New Model Twilight X 또는 Our Order No. PRS / 786 / 94

(4) 신분 확인 이니셜(Identification Marks)

서명자와 타이피스트의 initials로 기록해 둡니다.

MG : ER, MG/ER, MG : er, MG/er

와 같이 합니다.

(5) 동봉 서류(Enclosure Directions)

동봉한 서류 등을 확인하기 위한 것입니다.

Enclosure, Enc., Encl., Enclosures, Encs., Encls. 등으로 씁니다.

(6) 사본 배부처(Copy Notation)

cc:~라고 씁니다. cc는 원래 carbon copy를 말하지만, 사본이 아니라도 사용합니다.

(7) 추신(Postscript)

무엇인가 쓰는 것을 잊었을 때, 또는 특히 무엇인가를 강조할 경우에 덧붙여 씁니다.

3. 구두법(Punctuation)

본문 이외의 개소에서 각 행의 끝에 콤마 및 마지막 행의 끝에 마침표 또는 콜론을 찍는 방법을 close(d) punctuation, 아무것도 찍지 않는 방법을 open punctuation, 그 중간으로 표제와 결구에 콤마, 콜론 등을 찍는 방법을 mixed punctuation이라고 합니다.

4. 양식(Style ; Form)

· Full Block Style

· Modified Block Style

· Modified Block Style with Indented Paragraphs

· AMS Simplified Style

AMS(Administrative Management Society)양식이라고 하는 것은 표제와 결구도 생략한 가장 간결한 것입니다.

1. Full Block	2. Modified Block
[Letterhead]	[Letterhead]
Date :	Date
Name :	Name
Address :	Address
Salutation :	Salutation :
Complimentary close,	Complimentary close,
Signature	Signature

비즈니스에 종사하는 사람에게 효과적으로 편지를 쓰는 능력은 필수적입니다.
우선 상황에 맞는 구상을 하고 적절한 체계, 레이아웃, 스타일을 선택해야 합니다.

■ 편지를 구상한다.

편지를 잘 쓰기 위해 '구상을 하는' 것입니다. 생각이 떠오르는 대로 쓰면 안됩니다. 주의 깊게 철저한 방식으로 써야 합니다. 4단계로 나누어 생각해 보겠습니다.

(1) 목표가 무엇인지 분명하게 한다

(2) 사실을 명확하게 한다.

(3) 수취인을 분석한다.

(4) 내용을 만든다.

(1) 목표가 무엇인지 분명하게 한다.

그 편지가 무엇을 하려고 하는지 생각해 보기로 합니다. 자신의 상품이나 서비스를 고객에게 소개하여 주문을 하도록 설득하려고 하는지도 모릅니다. 그렇지 않으면 결제가 늦은 고객에게 되도록 빠른 결제를 부탁할지도 모릅니다. 판매를 하려고 하든지 결제를 부탁하든지 어쨌든 항상 마음속에서 목표에 정확히 초점을 맞출 필요가 있습니다.

(2) 사실을 명확하게 한다.

목표를 정하면 그 목표에 대한 사실을 정확하게 조사합니다. 상품이나 서비스를 판매하려면 품질이나 가격 또는 납기 등을 알아야 합니다. 대금을 받으려면 청구서를 어떻게 작성하는가, 지급 기일은 언제인가. 왜 지급하지 않는가 등을 알아야 합니다. 최신의 상황을 완전히 파악하기 위해 회사의 기록을 조사하고 전화를 기억해 내며 전문가에게 상담할 경우도 있습니다.

(3) 수취인을 분석한다.

전하고 싶은 정보가 상대방에게 정확하게 전달되어 결코 오해하는 일이 없도록 해야 합니다. 그렇게 하지 않으면 주문이나 결제를 받을 수 없습니다. 편지를 받아 읽는 사람을 상상해 보십시오. 읽는 사람의 입장이 되어 그 사람이 당신의 편지를 받고 내용을 보았을 때 어떤 반응을 보일지 생각해 보십시오. 그리고 읽은 사람의 손이 주문 용지나 어음장으로 가도록 해야 합니다.

(4) 내용을 만든다.

무엇을 하려는지 알고 있고, 배후의 사실을 파악하여, 수취인의 입장을 인식하고 있으면 주장하고 싶은 사항을 쓸 수 있게 마련입니다.

예를 들어 납품한 화물이 파손되었다고 고객이 불평을 하였다고 가정하십시오. 이런 경우 당신 회사의 방침은 불만을 되도록 신속하게 또한 공정하게 해결하여 고객의 호의를 유지하는 것입니다. 컨테이너를 열었을 때 12개의 상품 중에서 6개가 파손되어 있는 것을 확인했지만, 필시 운송업자에게 책임이 있습니다. 화물은 창고에서 나가기 전에 항상 점검하기 때문입니다. 고객은 당신이 되도록 빨리 대체품을 납품하고 파손품을 인수하며 대금을 반환하기를 바라고 있습니다.

이제부터 준비한 원고에 담아야 할 여러 문제에 주의해야 할 것입니다.

'이 문제에 대해 사죄합니다.', '어째서 그런 일이 일어났는지 설명하겠습니다.', '제안하신 해결책에 동의합니다.', '불만의 해결에 최선을 다하겠습니다.', '거듭 사과합니다.' 등이 있습니다. 그리고 나서 대충 초안을 잡습니다. 바꿔 넣기를 해서 대강의 순서로 나열하였지만, 외관이나 레이아웃 또는 스타일에 대해서는 별로 주의하지 않았습니다.

■ 편지의 외관
편지의 내용은 잠시 뒤로 미루고 여기서는 편지의 외관을 생각해 볼 필요가 있습니다. 외관은 읽는 사람에게 상당한 효과를 주며 편지의 성공과 실패의 원인이 되는 일도 있습니다. 주로 다음의 두 가지를 고려해야 합니다.

(1) 봉투

(2) 종이

(1) 봉투

수취인의 입장에서 보면 도착한 봉투가 당신과 접촉하는 최초의 기회입니다. 그리고 최후의 기회일지도 모릅니다. 지저분한 봉투에 이름과 주소의 철자도 틀리게 적혀있으면 읽는 사람의 마음을 움직일 수 없습니다. 당신의 회사에서 그 업무의 전문가라는 품위 있는 인상을 전달할 수 있는 고급 봉투를 선택하십시오. 백색이나 그 밖의 수수한 색은 그런 인상을 줍니다. 또 보통 회사에서 자주 사용하는 별로 특징이 없는 갈색의 봉투와 차이가 납니다.

봉투 앞면의 중앙에 수취인의 이름, 직위(적당한 것이라면), 주소, 우편 번호를 쓰십시오. 편지 본문의 상부와 동일한가 확인하십시오. 틀리면 새 봉투에 고쳐 쓰십시오. 틀리게 쓰거나, 줄을 그어서 지우면 부주의한 사람으로 보입니다. 회사의 이름이나 로고를 새긴 고무 도장이 있으면 왼쪽 위에 찍습니다. 오른쪽 위에는 우표를 정확하게 붙이십시오.

(2) 종이

편지에는 빛에 비추어 볼때 보이는 무늬나 글자를 넣은 A4 크기의 종이 (또는 미국에서는 8 1/2×11인치)를 사용해야 합니다. 봉투에 꼭 맞고 통일된 느낌을 줍니다.

절반 크기의 A5 용지(미국에서는 4×6인치)는 수취 통지와 같은 짧은 편지에 사용할 수 있습니다. 종이와 봉투가 적당히 조화를 이루고 서로 보충하여 잘 조합되어 있는 인상을 주는 것이 중요합니다.

편지를 타이프 하는가 또는 손으로 쓰는가는 상식에 따라서 합니다. 타이프한 편지가 보기에 정식이며 전문가다운 느낌이 들지만, 손으로 쓴 편지는 친밀한 느낌이 듭니다. 이것은 어떤 경우에는 맞을지도 모릅니다. 예를 들어 사죄하거나, 문상을 하거나, 사례를 해야 하는 경우 등입니다. 어떤 쪽을 택하든 편지는 정연하고 읽기 쉬워야 합니다. 깨끗하고 잘못이 없는 본문이 기본입니다. 예를 들면, 단락이 같은 정도의 길이이며 상하 좌우의 여백을 충분히 잡은 경우입니다. 종이는 3분의 1씩 접고 4분의 1로는 접지 않는 편이 좋습니다. 구김살이 적고 봉투로부터 꺼낼 때 볼품이 좋기 때문입니다.

■ 편지의 레이아웃

다음은 편지의 레이아웃을 생각할 차례입니다. 이것은 외관만큼 중요합니다.

(1) 레터 헤드

(2) 참조 표시

(3) 날짜

(4) 이름과 주소

(5) 인사

(6) 표제

(7) 본문

(8) 2장 이상의 편지

(9) 동봉물

(10) 사본

(1) 레터 헤드

레터 헤드는 회사명, 주소, 전화 번호, 팩시밀리 번호, 로고(로고가 있는 경우)를 포함합니다. 표제는 보통 위쪽 가운데에 있습니다.

(2) 참조 표시

이것은 없어도 상관없습니다. 다만, 많은 편지를 취급하는 경우에는 발신인이 자신의 이름을 적어야 합니다. 또는 온 편지에 적혀 있으면 수취인의 이름을 적어야 합니다. 보통 참조 표시는 쓰는 사람의 머리글자와 타이피스트의 이름을 포함합니다. 따라서 Peter Abbot가 작성하고 Sarah James가 타이프 한 편지는 PA/SJ라는 참조 표시를 합니다. 그렇지 않으면 회사 내의가 조직 EH는 개인에게 참조 기호를 부여합니다. 참조 표시는 표제의 3행부터 5행 아래에 1행 사이를 두고 쓰십시오.

(3) 날짜

편지에는 날짜를 넣습니다. 당연한 일이지만 빠뜨리는 일도 많습니다. 3(3rd가 아님) January 1005, 11(11th가 아님) August 2005, 2(2nd가 아님) December 2005등으로 쓰십시오. 결코 'Jan.', 'Aug.', 'Dec.' 와 같이 생략하면 안됩니다. 또 '3/1/05', '11-8-05', 'December 2 2005'은 피하도록 하십시오. 날짜는 빠뜨리지 말고 앞의 기입 사항에서 2행이나 3행 아래에 쓰십시오.

(4) 이름과 주소

편지는 수취인의 이름 직함(적당하면), 주소, 우편 번호를 항상 포함합니다. 필요하면 전의 편지를 참조하거나 상대 회사에 전화를 걸어 확인합니다 사람의 이름에는 특히 주의합니다. Mrs.인데 Miss, Jonathan 또는 Plumleigh가 아니고 Plumley라고 쓰면 부주의한 사람으로 보입니다. 이름은 날짜의 2~3행 아래에 쓰십시오.

(5) 인사

'Dear Sir' 나 'Dear Madam', (더욱 나쁜 것은) 'Dear Sir or Madam' 을 인사로 사용하지 마십시오. 이것은 모두 막연하며 열기가 느껴지지 않습니다. 조금만 노력하면 당신이 편지를 보내려고 하는 사람의 이름을 찾을 수 있습니다. 이름을 사용하는가 또는 성을 사용하는가는 얼마나 그 사람을 잘 알고 있으며, 그 사람과의 관계가 어떤가에 달려 있습니다.

상무이사로 승진한 것을 축하할 때에는 'Dear Mrs. Patel' 을 사용하는 것이 현명할 것이고 동료의 친절에 감사할 때에는 'Dear Sam' 이 사용될 것입니다. 인사는 이름과 주소의 2~3행 아래에 쓰십시오.

🖐 이 방법에 반대하는 사람도 있습니다. 상용 편지는 개인이 개인에게 보내는 것이 아니고 기업에서 기업으로 보낸다는 이유 때문입니다. 그 경우에 수신인명은 회사 앞으로 되

고 담당자를 나타낼 때에는 (대조적인 경우에는 담당하는 부서 또는 담당자에게 전달되는 것이 늦어지기 때문에) attention line을 설치합니다. 수신인명과 주소의 아래에 1행 비우고 Attention : Mr.…와 같이 쓰십시오.

(6) 표제

이것은 없어도 상관없지만 편지의 주제를 신속히 알려서 읽는 사람의 마음을 집중시키기 위해 넣을 수 있습니다. 하나의 주제만 취급하는 경우에 넣는 것이 보통입니다. 앞에 'Re:'를 붙이고 대문자로 쓰거나, 보통 서체로 쓰거나, 밑줄을 긋거나 취향에 따라서 합니다. 인사의 1행 아래에 써야 합니다.

✍ 미국에서는 'Re:'는 시대에 뒤진다고 합니다. 단지 표제를 쓰고 밑줄을 반드시 긋습니다.

(7) 본문

본문은 필요한 수만큼의 단락으로 나누고 각각의 단락은 중요한 점을 하나씩 취급하며 대략 같은 길이로 만듭니다. 되도록 균형이 잡힌 외관을 만들기 위한 것입니다. 최초의 단락은 그 전의 기입 사항의 1행 아래부터 시작하며 이어지는 단락과의 사이를 1행 비워야 합니다.

(8) 2장 이상의 편지

긴 편지는 2장 이상 계속하여 쓰는 일이 있습니다. 첫 장은 레터 헤드가 있는 용지를 사용하고 다음부터는 인쇄되지 않은 종이를 사용하십시오.

위에서 약 6행 비우고 쪽수, 날짜, 수취인의 이름을 3행에 나누어 왼쪽 아래로 배열하십시오. 그리고 2~3행 비우고 계속하십시오.

(9) 결구

편지를 인사로 마치십시오. 'Dear Tom'이나 'Dear Mrs Barham'으로 시작하였으면 'Your sincerely'로 'Dear Sir'나 'Dear Madam'으로 시작한 경우에는 (현명한 방법은 아니라고 생각하지만) 'Yours faithfully'로 합니다. 그 대신 그 경우에 적당하다는 느낌이 들면 'Yours', 'Best regards', 'Kind regards' 등의 형식을 차리지 않은 결구를 사용하십시오. 이것은 최근에 자주 사용되고 있습니다. 결구는 마지막 단락의 1행 아래에 쓰십시오.

✍ 영국의 Yours faithfully에 해당하는 미국식 표현은 Very truly yours입니다. 일반적으로 영국에서는 yours가 앞에 미국에서는 뒤에 있습니다. Mr, Mrs 등의 약어 뒤에 점(피리어

드)를 찍지 않는 것이 영국식입니다. 뒤에 아무것도 생략되지 않았는데 점을 찍는 것은 불합리하다고 생각하기 때문입니다. 이것은 영국식이 합리적입니다.

(10) 서명

서명은 읽을 수 있도록 쓰십시오. 갈겨쓰면 당신은 너무 바빠서 편지에는 관심이 없다는 인상을 주게 되며, 이것은 편지를 받는 수취인에게 관심이 없다는 것으로 됩니다. 서명을 할 때에는 5~6행 비우십시오. 그리고 이름을 타이프하든지 쓰고 필요하면 동봉물 1행 아래에 직함을 쓰십시오.

(11) 동봉물

편지에 동봉물이 있다는 사실을 알리고 싶을 때(판매 카달로그, 계약 초고등)에는 'Enclosure', 'Enc', 'Enclosures', 'Encs' 등으로 마지막 기입 사항의 2행 아래에 기재하십시오.

(12) 사본

편지의 사본을 누가 수취하는지 알리고 싶을 때에는 'Copy: John Brownlow', 'Copies: John Brownlow, accountant(회계사)', 'Sophie Henderson, solicitor(변호사)' 등으로 전의 기입 사항에서 2행 아래에 기재하십시오.

🖐 영국에는 변호사가 2종류 있어서 소송을 취급하는(법정에 나간다) barrister와 서류를 취급하는 solicitor가 있습니다.(전자가 사회적 지위가 높다.) 미국은 attorney at law 1종류로 사회적 지위는 barrister와 solicitor의 중간 정도입니다.

■ 편지의 스타일

편지의 구상, 외관, 레이아웃을 알았으면 편지의 최종판을 만들기 위해 원고를 다룰 차례입니다. 다음과 같은 사항을 고려해야 합니다.

(1) 형식

(2) 언어

(3) 태도

(4) 정확성

(1) 형식

편지는 기초적인 형식 3가지 중에서 하나를 택해 레이아웃할 수 있습니다.

블록식, 세미, 인덴티드식입니다. 블록식은 뒤쪽에 예를 든 것과 같이 왼쪽 끝에 붙여서 모두 기입합니다. 세미블록식은 참조 표시와 날짜를 기록관리하기 위해 오른쪽 끝에 놓고 그 밖의 기입 사항을 왼쪽에 붙입니다. 인덴티드식은 각각의 단락을 5내지 6자 비우고 시작합니다.

(2) 언어

일반적인 규칙으로 편지는 분명하게 하고 알기 쉽게 해야 합니다. 수취인을 고려하여 언어를 사용해야 합니다. 당연한 일이지만 일반인을 상대로 한 편지에 기술적인 표현을 하는 것은 적당하지 않습니다. 마찬가지로 그 분야의 전문가에게 보내는 편지에 평이한 언어를 사용하는 것은 현명하지 않습니다. 어떤 경우에도 수취인은 동료가 아니라고 생각하십시오. 되도록 짧은 단어와 구 또는 문장을 사용하도록 하십시오. 간결하면 오해를 받기 어렵기 때문입니다. 사내에서만 통용되는 말이나 속어 또는 지방색이 있는 표현은 삼가십시오.

화제의 여하를 불문하고 편지는 간결해야 합니다. 예를 들어 번거롭지 않은 해명과 사과를 원하고 있는 사람은 복잡하고 두서없는 변명을 듣고 싶지 않을 것입니다. 편지는 직접적으로 짧게 쓰십시오. 원고를 수정할 때 모든 내용이 수취인에게 관계되는 것인지 검토하여 관계없는 것은 삭제하십시오. 남은 문제를 되도록 명쾌하게 쓰고 반복하지 않도록 하십시오. 반드시 말해야 할 것을 말하고 끝내도록 하십시오.

(3) 태도

어떤 편지라도 안품을 얼마간은 담도록 하십시오. 어려운 편지, 이를테면 돈을 요구하면 편지를 쓸 때라도 예의 바르게 쓰십시오. 공손하며, 경우에 따라서 'please', 'thank you', 'sorry' 라고 말하는 데 돈이 드는 것은 아닙니다. 그것은 당신과 당신 회사의 당당하고 적극적인 자세를 부각시키는 것입니다. 또한 성실하게 쓰십시오. 자신의 언어로 꾸밈없이 쓰도록 하십시오. 적당하다고 생각될 때에는 개인적인 말을 덧붙여도 괜찮습니다.[예를 들면, 'Kind regards' (잘 부탁합니다), 'With good wishes' (행복을 기원합니다)] 읽는 사람에게 이 편지는 보통 편지와는 다르다는 인상을 주도록 하십시오.

(4) 정확성

편지의 최종판이 완성되었으면 다시 한번 철저하게 잘못이 없는지 조사해야 합니다. 철자와 구독법은 완벽해야 합니다. 실수는 수취인의 주의를 편지에서 멀어지게 하며, 또한 전문 기술이나 품질의 인상을 흐리게 만듭니다. 타이프의 실수는 당신을 어리석은 사람으로 보일 뿐만 아니라 상대방을 그르치게 할 수도 있습니다. 'We want eight of these products.' (이 제품을 8개 원합니다.)라는 문장 중에는 'eight' (8) 대신에 'right' (권리)라고 타이프하면 상당한 혼란을 일으킬 것입니다.

Our ref : HEM.TL
Your ref : RJD/BC
24 August 2005

Mr. RH Dhalival
Mossman and Sons
20-26 Windmill Road
Littleton
Sussex
RH17 OYS

Dear Mr. Dhalival
Re : Wayliner Mark II

Thank you for your catalogue and price list.

We enclose an order for your attention and ask you to deliver these goods to us at your earliest convenience.

We would be pleased to see your representative on a regular basis to discuss new lines and related matters. We look forward to his call.

Yours sincerely

Harold Mitchell
Proprietor
Enclosure
Copy : Rachel Cohen

Our ref : JP/MA
12 September 2005

Debbie Taylor
Smart Moves
2-6 Brightwell Road
Esbury
Yorkshire
IP10 7NG

Dear Debbie :

I write to introduce you to David Cooke who worked with me at Kaleidoscope for 12 years. An innovative and hard working person, David is currently working on a new exercise cycle which may be of interest to you and will be contacting you in due course to arrange a meeting.

I am sure it would be very worthwhile for you to agree to see him.

King regards.
Jacquie Phillips
Product Development Manager

Our ref : DC/FT
18 October 2005

Mrs. E Simpson
56 Amberley Crescent
Morden-on Sea
Norfolk
Na 12 4FR

Dear Mrs. Simpson

Many thanks indeed or attending an interview with regard to our vacancy for a manager at our Todbury plant.

We have given your application careful consideration but regret to say that you have not been successful on this occupation.

We are sorry if this is a disappointment but hope you succeed in finding suitable position soon.

Yours sincerely
Esus Tella
Partner

29 모두 경어(冒頭敬語)

본문에 들어가기 전에 반드시 쓰지 않으면 안되는 것이 모두 경어이다. 이것은 상대방을 호칭하는 말이라고 생각해도 좋다. 육친의 경우는 Dear Mother, 이라든가 Dear Son, 친구에 대해서는 Dear Friend, 또는 Dear Mary, 같이 쓰는 일이 많다.

첫 편지에는 상대방이 남성이면 Dear Mr.~기혼 여성에 대해서는 Dear Mrs.~ 미혼 여성은 Dear Miss.~로 쓴다. 두 번째 편지부터는 펄스트 네임(First Name)을 사용하여 Dear Jim, 또는 Dear Susan, 이라고 쓰는 사람도 많아졌다.

의례적인 사교문에서는 남성에 대해서는 Dear Sir:를 여성에 대해서는 Dear Madam:이라고 쓰지 않으면 안된다.

단체나 회사에 대한 모두 경어는 콤마(comma)가 아니고, 콜론(colon)을 사용하니 주의하여야 한다. 그러면 실제로 미국이나 영국에서는 어떠한 모두 경어를 쓰고 있을까, 그 실례를 다음에 표현하여 보겠다.

■ 미국의 경우

(수) 수신인
(주) 수신인 주소와 성명
(모) 모두 경어

(수) The President(대통령)
(주) The President
    The White House

Washington D. C. 20500

(모) Sir:(or Mr. President:)

🖐 개인의 사교문에서는 대통령에 대한 모두 경어는 Dear Mr. President,를 쓰는 일이 많다.

(수) Senator(상원의원)

(주) The Honorable···

　　United States Senate

　　Washington, D. C.

(모) Sir:(or Dear Sir:)

🖐 상대방이 여성일 때 Madam: 또는 Dear Madam:을 사용한다. 공식적이 아니고, 개인의 사교문에서는 My dear Senator···,의 형식이 사용되고 있다.

(수) Congressman(하원 의원)

(주) Honorable···

　　The House of Representatives

　　Washington, D. C.

(모) Dear Sir:(or Dear Congressman···)

🖐 The House of Representatives의 The는 생략해도 좋다. Dear Sir: 는 굉장히 의례적인 표현이다. Dear Mr.~: 쪽이 친밀감 있는 표현으로서, 개인적인 사교문에도 사용되고 있다.

(수) Governor(주지사)

(주) The Honorable(John Smith)

　　Governor of(California)

(모) Dear Governor(John Smith)

(수) Mayor(시장)

(주) The Honorable(Mary Jones)

　　Mayor of(Los Angeles)

(모) Sir:(or Dear Sir: or Dear Mayor)

🖐 개인적인 사교문에서 자주 사용되고 있는 것은 Dear Mayor···의 형식이다.

(수) President, college(or university)

(주) Dr,…

　　President…

(모) Dear Dr.…

🖐 학장의 경우에는 대부분 박사 학위를 갖고 있으므로, Dr.를 붙인다. 구미에서는 회사 사장보다도 박사 학위를 갖고 있는 사람 쪽을 높이 평가하는 풍습이 있으므로 명함에도 Dr.를 쓰는 사람이 많다. 개인적인 사교문에서도 Dear Dr.~의 형식이 좋다.

(수) Professor(교수)

(주) Prefessor(Allan Davis)

　　Department of Linguistics

(모) Dear Dr.~

🖐 개인적인 사교문에서는 Dear Dr.~의 끝에 붙이는 콜론이 콤마에 대신한다. 박사 학위가 없는 교수에 대해서는 Dear Professor~, 또는 Dear Mr.~을 써도 좋다.

(수) Archbishop(대주교)

(주) The Most Reverend(Tony Silver)

　　Archbishop for New York

(모) Your Eminence(or Your Grace:)

🖐 개인적인 사교문에서는 My dear Archbishop~,가 의례적인 표현으로서, 보통은 Dear Archbishop~,의 형식을 사용한다.

(수) Clergyman

(주) The Reverend(Billy Jones)

(모) Dear Mr.(Billy Jones)

🖐 개인적인 사교문에서는 Mr.~,로 쓴다

■ 영국의 경우

(수) 수신인
(주) 수신인 주소 · 성명
(모) 모두 경어

(수) Queen(여왕)

(주) Her Majesty the Queen

(모) Madam:

🖐 개인적인 편지에서는 Madam,을 사용한다.

(수) King(왕)

(주) His Majesty the King

(모) Sir:

🖐 개인적인 모두 경어는 sir,가 좋다.

(수) Royal Family member(왕족)

(주) His Royal Highness the Duke of…

(모) Sir:

🖐 상대방이 여성일 때는 His는 Her, Duke와 Duchess, Sir:라는 모두 경어는 Madam:으로 된다. 개인적인 편지에서는 콜론이 콤마로 되는 것은 국왕이나 여왕에 대하는 것과 똑같다.

(수) Duke(공작)

(주) His Grace the Duke of…

(모) My Lord Duke:

🖐 사교문에서는 수신인이 Dear Duke:는 Dear Duke of 로 한다.

(수) Marquess(후작)

(주) The Marquess of…

(모) My Lord:

🖐 후작 부인일 때는 수신인이 The Marchioness of~로 한다. 모두 경어는 Madam, 또는 Dear Lady~,의 형식이 사용된다.

(수) Prime Minister(수상)

(주) The Right Honorable~

Prime Minister

(모) Dear Mr. Prime Minister:

🖐 여성의 경우는 Dear Mrs. Prime Minister:로 된다. 사교문에서는 Dear Mrs.~같이 상대방의 이름을 쓰는 쪽이 친밀감을 주는 표현이다. Dear Mrs. Prime Minister:와 Dear Mrs. Thatcher,를 비교하면 그 차이가 분명해질 것이다.

(수) Lord Mayor(영국 대도시의 시장)

(주) The Right Honorable~

The Lord Mayor of~

(모) My Lord:

🖐 사교문에서는 My Lord,로 한다.

(수) Mayor(시장)

(주) The Right Worshipful~

The Mayor of~

(모) Sir:

🖐 사교문에서는 Sir,의 형식을 쓴다

(수) Ambassador(대사)

(주) His Excellency,(John Jones)

The Ambassador of(America)

(모) Your Excellency:

(or Sir: or Dear Mr. Ambassador:)

🖐 사교문에서는 콜론을 콤마로 한다. 미국인은 Dear Mr. Ambassador,의 형식을 쓰는 일이 많지만 공문에서는 Your Excellency: 를 보통 쓴다.

$\mathcal{30}$ 말미 경어(末尾敬語)

우리말의 "경구(敬具)" 또는 "삼가 이만 줄입니다."에 해당하는 영어의 말미 경어는 실로 다양하다.

보통 편지에는 Sincerely yours,라는 말은 비즈니스 서한에는 Truly yours,를 사용하는 일이 많지만, 공문에 자주 나오는 Cordially yours,를 쓰기도 한다.

개인의 사교 편지에서는 친밀한 사이를 나타내는 말미 경어로서 Lovingly yours, 또는 Affectionately yours, 또는 love,라는 말을 많이 쓴다.

감사장등의 말미 경어는 Gratefully yours,가 적당하다.

그런데 미국이나 영국에서는 실제로 어떠한 말미 경어가 사용되고 있을까. 그 실례를 조사해 보자.

■ 미국의 경우

수신인	말미경어
The President(대통령)	Respectfully yours,

✍ Sir: 또는 Mr. President: 모두 경어일 때는 Respectfully를 쓴다. 개인이 보내는 편지에서는 Dear Mr. President:를 쓰는 일이 많다. 이 경우에는 Respectfully yours,를 쓰면 좋다. 물론 최근에는 Sincerely yours,라는 표현도 상당히 쓰기 시작하고 있지만, 대다수의 관용 표현은 아닌 것 같다. 공용이라도 Faithfully yours,로 하면 Respectfully yours,보다 가벼운 느낌이 든다.

Senator(상원 의원)   Very truly yours,

🖐 의원 또는 내각의 각료에 대해서는 미국의 경우 Very Truly yours,를 쓰는 일이 많다. 물론 개인에게는 Sincerely yours,가 좋다.

Congressman(하원 의원)   Very truly yours,

🖐 여기도 Sincerely yours,가 친밀감이 드는 사교표현이다.
"하원의원"은 정식으로 Member of the House of Representatives라고 불려지고 있지만, 최근에는 Congressman이라는 호칭을 쓰는 경우가 많아졌다.
"여성 하원의원"은 Congresswoman이란 말도 있지만 Congressman이라고 부르는 일이 많다.

Mayor(시장)   Very truly yours,

🖐 사교문에서는 Sincerely yours,가 된다.

President, college or university(학장)   Very truly yours,

🖐 사교문에서는 Sincerely yours,를 쓴다.

Professor(교수)   Very truly yours,

🖐 Sincerely yours, 는 공문에도 사신에도 사용되고 있다.

Archbishop(대주교)   Respectfully yours,
                                                     very truly yours,
                                                     Sincerely yours,

🖐 개인적인 사교문에는 Sincerely yours,가 좋다.

Clergyman(목사)   Very truly yours,
                                                     Sincerely yours,

🖐 개인적인 Sincerely yours,를 쓴다.

■ 영국의 경우

수신인	말미 경어
Queen(여왕)	I have the honour to remain, Madam. Your Majesty's most obedient subject.
King(국왕)	I have the honor to remain, Sir. Your Majesty's most obedient subject.

🌿 여왕의 경우나 국왕의 경우에도 외국인이 개인적으로 친하게 교재하고 있다고 가정하여 편지를 내는 경우에는 Sincerely yours,를 쓴다. 외국에서 온 공문에는 Respectfully yours,를 쓰는 일이 많다. 처음으로 여왕 폐하에게 편지를 쓰라고 할 때는 Respectfully yours,를 쓰는 게 좋다. 국가 원수에 대해서는 편지를 낸다는 것은 신중하게 하지 않으면 안 된다.

여왕 폐하의 주소 성명은,
HER MAJESTY
THE QUEEN
BUCKINGHAM PALACE
LONDON SW1
ENGLAND
와 같이 되지만, 영국 국내에서 편지를 보낼 때는 ENGLAND는 생략한다.

Royal Family member(왕족)   Respectfully yours,

🌿 친구가 보내는 편지는 Sincerely yours,를 사용한다.

Duke(공작)   Your sincerely,

🌿 서신에서도 똑같이 Yours sincerely,를 쓴다. 귀족에는 모두 Yours sincerely,를 쓰는 것이 통례로 되어 있다.

Prime Minister(수상)   Yours faithfully,

🖐 Dear Mr,~의 형식에서 처음 편지를 내는 경우는 Yours faithfully,로 끝을 맺는다.

Lord Mayor(대도시의 시장)   Yours faithfully,

🖐 서신인 경우 Yours faithfully,를 쓴다.

Mayor(시장)   Yours faithfully,

                                                  Yours faithfully,
Ambassador(대사)   Yours faithfully,
                                                  Yours faithfully,
                                                  Yours faithfully,

▶Sir, 에 대해서는 Yours faithfully,를 Yours faithfully,에는 Yours very truly,를
Dear Mr. Ambassador,의 경우에는 Yours faithfully,를 쓰는 것이 좋다.

31 구직 신청

구직 신청을 하거나 어떤 조직에 지원하는 것은 일종의 자기 자신을 선전하여 파는 행위라고 할 수 있다. 그러나 팔아야 되는 주체가 인간이기 때문에, 상품 선전처럼 과대 선전 문구 등을 쓰는 것을 삼가지 않으면 안된다.

구직을 신청하는 편지나 지원서는 application letter라고 불리고 있지만, 직접적인 인상을 주는 direct application form 및 이력서처럼 간접적인 뉘앙스를 주는 indirect application form으로 나뉘어져 있다. 자기 자신의 성격에 따라 좋다고 생각되는 쪽으로 쓰면 무난하지만, 영문 서식에 의거 확실한 형식으로 쓰는 것이 좋을 것이다.

다음 소개하는 것은 direct form 및 indirect form인데 둘 다 회사에 취직하기 위해 쓰는 form이다.

Gentlemen: 위에 쓰여 있는 것은 회사의 주소다.

Direct Form

55 Fifth Avenue
Manhattan, New York City
New York 10016
March 5, 2005

Messers R.C. Grant & Son
250 Wilshire Boulevard
Los Angeles, California

Gentlemen :

I wish to apply for the position in your overseas office which you mention in the Morning Sun.

I am 23 years old, graduate of Texas Engineering College, class of 2004

I should be glad to be granted a personal interview at your convenience.

Yours very truly,

"모닝 선지에 게재된 구인 광고를 보았습니다."
I saw your help-wanted ad in Morning Sun. 같이 써도 좋지만, I wish to apply for the job you are offering in your advertisement in the Morning Sun. 처럼 하면 더 좋다.
끝에 "아무쪼록 잘 부탁합니다."를 덧붙일 때는 Your best and kindest consideration to this application will be greatly appreciated.같이 외교적인 전형적 문구를 쓰면 인상이 좋다.

Indirect Form

10 Main Street
Buffalo, New York 14208
May 20, 2005

Box 200
International Trade News

Gentlemen :
  Will you please consider me an applicant for the position
mentioned in your advertisement in the International Trade
News of March 5. My qualifications are as follow:
  Education: ....

  ....

  Experience: ....

  ....

  Reference: ....

  ....

Very Truly yours,

....

🌿 qualification은 응모 자격 이외의 "특기"(Special Qualifications)나 "신장 · 체중"
(physical Description) 등을 포함해서 쓰면 좋다.
  Reference(참조)의 문제는 I can refer you, for information as to my ability and my
character, to…의 형식으로 쓰면 좋다.

32 사직원 쓰는 법

사직원이란 표면상 온후하고 정중한 문체이면서, 비즈니스맨답게 분명히 하지 않으면 안된다. 그러면서도 전체적으로 보아서는 개인적인 색체가 강하니까 약간 개성적인 표현을 써도 된다. 더욱이 같은 직장에서 희로애락을 함께 나누어왔던 사람으로서 석별의 정을 나타내는 말을 쓰는 것도 불가결의 요소일 것이다. 여기 일반적인 영문 서식을 소개한다.

> Dear Mr.~ :
>
> Circumstances have arisen which make it necessary for me to live with my parents in Nashville, Tennessee. I am therefore submitting my resignation, effective March 31, 2005.
>
> My stay with your company has been very pleasant. I am very grateful to you and your associates for the many courtesies that have been shown me.
>
> Yours sincerely,
>
> ....

effective March 31은 "3월 31일부"라는 의미이다. 약간 감상적인 기분을 내려면, 편지 끝에 It is my privilege to have been part of…

Corporation and I can leave with pride and good memories.

를 덧붙이면 좋다.

33 결근계 쓰는 법

학생들이 쓰는 결석계라는 것은 있지만, 회사원의 경우에는 좀더 형식적인 것이 좋지 않을까, 가령 "독감으로 3월 15일 금요일은 결근할 것 같으니 용서하여 주십시오."라는 것을 영어로 해보자.

⋯will be absent from work on March 15(Friday) due to influenza.

로 되는데, ⋯ 의 곳에 본인의 이름을 쓰는 것이 좋겠다는 사람이 있을는지 모르지만, 이건 제3자가 결근계를 내는 형식이 되어 버린다.

사장의 이름이 "밀러" 씨라면 다음과 같은 형식으로 쓰는 것이 좋다.

Dear Mr. Miller,

Please excuse my absence from work last Friday, March 15, due to influenza.

말미 경어는 어떻게 할까 사내의 일이니까 Sincerely,를 쓰면 좋다. 생각보다 간단히 마무리되지 않았을까.

Dear Mr. Miller,
    Please excuse my absence from work last Friday, March 15, due to influenza.

                              Sincerely,

                        ....

    의사의 진단서가 필요할 때는 "… 병원의 진단서를 동봉합니다."(Attached is the diagnosis from the …Hospital)라는 말을 덧붙인다면 무게가 있어 보인다.

    due to influenza 대신에 "발목을 삠"(sprained ankle)같은 것도 자주 등장한다고 한다.

34 지각계 쓰는 법

아직까지 지각계를 써내게 하는 회사가 있다면 희한하다는 느낌이 들지만, 이러한 회사에 취직한 경우에 지각계를 영어로써 제출하는 능력 정도도 갖지 못하였다면 샐러리맨으로서 자격이 없다.

그래서 가장 일반적인 형식을 하나 정도 기억해 두면 좋다.

"오늘은 교통 혼잡으로 인해 지각하게 되어 이에 지각계를 제출합니다."라는 영어를 해보자. 이번에는 상사의 이름이 캐쉬맨이다.

Dear Mr. Cashman,

This is to inform you that I was late to work today because of traffic congestion.

15분 늦었다는 말을 어떻게 표현하는지 질문하는 사람이 있는데, 이것은 무엇이라고 하는 말은 없다.

단지 15 minutes late 라고 쓰면 된다는 이야기다. "그녀는 임신 3개월이다." 따위도 She is three months pregnant라는 영어가 있다. 이러한 쉬운 것은 빨리 잊어버리는 사람이 의외로 많다.

이젠 전체를 정리해 보면 today는 this morning이라고 표현하는 것이 좋을 것이다. "오늘"이 5월 15일이라면 다음과 같이 된다.

Dear Mr. Cashman,

This is to inform you that I was late to work today because of traffic congestion.

Sincerely,

....

35 출장계 쓰는 법

"미합중국 캘리포니아주 샌디에고 해군기지에 8월 1일부터 1년간 파견 근무 명령을 받았습니다." 따위의 기다린 표현도 술술 영어로 할 수 있다면 아마 통쾌할 것이다라는 생각을 하는 사람에게 그 골자를 적어 보내자.

I was assigned to dispatch duty at San Diego naval station, California, U. S. A. for the period of one year starting August 1.

이런 사정으로 회사의 출장계 정도는 아침 식사 전에 마무리하려는 기분으로써 다음 글을 영어로 바꿔 보지 않겠는가.

"이번에 임시로 편성된 팀의 일원으로서 10월 7일부터 10월 21일까지 부산 지점 근무의 명을 받았습니다. 이에 출장계를 제출합니다."

I was assigned 하나만 기억나도 걱정될 것은 없다.

I was assigned to work as a member of the project team at our Pusan branch office October 7 through 21.

"이에 제출합니다."를 서두에 쓰면 다음과 같이 된다.

This is to inform you that I was assigned to work as a member of the project team at our Pusan branch office from October 7 through 21.

Dear Mr.~

This is to inform you that I was assigned to work as a member of the project team at our Pusan branch office from October 7 through 21.

Sincerely,

....

36 영수증 및 청구서 쓰는 법

"~귀하, 일금 86,000원정(단, 음식 대금임)" 라는 말을 영어로 하면 어떻게 될까. "귀하"라는 말은 영어로 To whomsoever that concerns라는 뜻이다.

하나 예를 들면

To : Mr. Lee

We have received \86,000, - for meals and drinks.

영어로 쓰면 이런 정도지만, 최근에는 슈퍼마켓에서도 물건 하나하나씩 품명과 금액이 써 있는 영수증을 주는 시대니 회사에 청구할 때는 영어로 쓴 것을 첨부하는 편이 좋을지도 모른다.

비즈니스 레터 등 손님에게 청구서를 보낼 때는 일종의 형식이 필요하다. 먼저 이야기한 86,000원의 음식 대금을 청구하는데도 그 나름대로의 형식을 따르지 않으면 안된다.

We ask you to pay 따위로 하는 것은 대단히 직선적인 표현으로 곤란하다. 우선 부드럽게,

We wish to remind you that we are still waiting for your payment of \86,000. - due us for meals and drinks.

같이 써 보내는 것이 좋다.

Dear~

We wish to remind you that we are still waiting for your payment of \86,000. - due us for meals and drinks.

We would appreciate your taking care of this matter as soon as possible.

Very truly yours,

....

37 독촉장 쓰는 법

청구서를 보냈어도 좀처럼 송금해 주지 않는 사람은 그 나름대로 곤경에 처해 있을 터이니까, 문장도 좀 강경하게 쓰지 않으면 안된다.

크레디트카드의 한도액을 넘겨, 은행 당좌 구좌가 이상하게 된 사람에게는 다음과 같은 독촉장을 보내게 된다.

"귀하 명의의 은행 당좌 계정이 부족 상태에 있으므로, 본 은행은 귀하에 대하여 더 이상 대출하여 줄 수 없습니다. 크레디트 카드는 지급으로 반환하여 주십시오. 아니면 본 은행은 귀하를 재판에 걸어 소송할 권리를 가지고 있음을 이에 통고하는 바입니다."

자, 이런 영어도 쓸 수 있을까? 놀라기 전에 한번 해보자.

Because your checking account is in unsatisfactory condition, we have to cancel the credit privilege granted to you. You are requested to return the credit card promptly. This is to inform you that we have the right to take the proper court action.

주문한 물건에 대한 독촉장으로 "7월 20일에 주문한 물건이 아직 도착하지 않았습니다. 지급으로 조사해 주십시오."정도면 간단히 쓸 수 있다.

Gentlemen:
Please check on the delayed delivery of my order placed by letter on July 20.

Truly yours,

....

주문한 물건에 대해 기술할 때는,

The ordered articles are as follows:

라고 쓰고 품명이나 주문 번호를 차례대로 쓰면 된다.

38 서적에 관한 문의 및 주문

현재 구하고 있는 책이 절판되었거나, 아니면 아예 시중에 나와 있지 않거나 하는 책은 어쩔 수 없이 그 책을 출판한 외국의 출판 회사에게 물어 볼 수밖에 없다.

이럴 때에 쓰는 간단한 영어를 한번 해보자.

As it is difficult to get new books here, please send me a list of new English publication, and let me know where I can get them.

I am interested in philosophy and ethics of any kind. Thank you in advance for your kind help.

"여기에서는 새로 나온 책을 구하기가 어려우니 새로 출판된 영어 서적의 목록을 보내 주시고, 그것을 어디에서 구입할 수 있는지 알려 주십시오. 저는 철학, 윤리학에 관심이 있습니다. 귀하의 협조에 미리 감사드립니다."라는 내용이다.

또한, 이 목록이나 안내서를 보고 책을 주문할 때는 그 대금 지불 방법을 분명히 밝혀 두어야 한다.

그 한 예를 들어보면,

Please send me one copy of Erich Fromm's "The Sane Society" at $3.50.

I enclose UNESCO Coupon for $10.00(including shipping and other charges).

Many thanks.

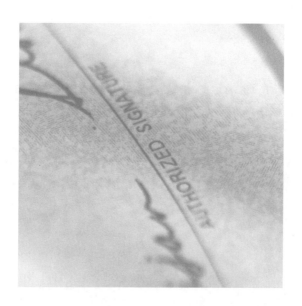

39 정기 간행물 구독 신청

외국에서 발행하는 잡지나 협회지를 구독 신청할 때는 주로 subscription이란 말이 사용된다. 이 말은 신문이나 잡지 등 정기간행물을 일정 기간 예약(구독)하겠다는 뜻으로 원래의 단어는 "subscribe"이며 이것을 써서 문장을 만들 수도 있다.

가령, 신문을 구독할 때에는

I would like to subscribe to…(title)

하면 된다. 다음은 subscription이란 말을 써서 예약하는 경우를 들어본다.

Enclosed you will find a check in the amount of $24.00 for one-year subscription to "Science World" starting with the January of 2005.

구독 신청을 하기 전에 대금의 문의 편지는 다음과 같이 쓰면 된다.

I'd like to subscribe to "Science World", please let me know the price and air mail postage.

40 기술 훈련 초청 수락

요즈음 우리나라 사람들이 해외로 많이 기술 훈련을 하러 나가고 있다. 이와 같은 초청에 대한 답장을 보낼 때는 꼭 감사하다는 말을 빼놓지 않도록 하자.

우선, Thank you very much하면서, 승낙의 의사표시와 여행 일정을 알려주면 중요한 것은 다 쓴 셈이다.

예를 들어보면,

> Thank you very much for inviting me to attend the technical training course held in L. A. in March.
> I am planning to arrive in L.A. in KE123 on March 10.
> Looking forward to seeing you soon.

이 정도만 쓴다면 초청해 주는 상대방도 기술자니까 영어를 잘 못 할 것이라는 산업관을 버릴지도 모른다.

41 대학 입학에 관한 문의

요즈음에는 유학을 가는 사람이 무척이나 많다. 그러나 실제로 유학할 대학에 관한 정보나 자료를 보지도 않고 남의 이야기만 듣고 가는 경우도 있는데, 이러한 입학 자료는 해당 국가의 대사관이나 친선 단체에 문의하면 된다.

영어는 간단하게 하면서도 요령 있게 하는 것이 제일 중요하니까 이 점을 머리에 넣고 한번 써 보자.

> I would like to apply for a place at the Faculty of Arts to read for a degree in Modern Language. I am leaving school in February. Would you please send me the bulletin of the program and an application form?

문장이 좀 어렵지만 대학 정도 입학하려는 사람이라면 이 정도는 쓸 줄 알아야 되지 않을까. 위에서 leaving school은 "졸업하다"라는 말인데 finish school이나 graduate from~이란 말을 써도 된다.

사실 Faculty of Arts(인문계), bulletin(안내서), application form(입학 원서)이라는 단어도 모르고 입학하려고 하는 사람은 없을 것이다. 위의 편지는 현대어 학위를 받기 위해서 인문계에 입학하려는 사람이 쓴 것이다.

42 장학금 문의

　기왕에 유학을 결심했으면 장학금에 대해서도 궁금해 하는 것은 당연하다. 장학금에 대한 물음을 한번 작성해 보자.

　먼저 배운 대로 "학교를 졸업했다."(I graduated from)는 이야기를 하고, 영국 대학 유학 장학금(scholarships for study at English Universities)에 관한 정보를 알려 달라는 내용의 편지를 예로 들어보자.

　　I graduated from Korea University this February, and I know that council offers a number of scholarships for study at English Universities.
　　May I have the necessary information about them so that I can see if I am qualified to apply?

　어려운 것은 하나도 없다.

　qualified to apply(신청할 자격)이란 말은 eligible to apply로 하는 경우도 많다.

43 해외 유학 및 입학 원서 쓰는 법

　우리나라에서도 요즈음 해외 유학생이 급격하게 증가하고 있다는 것은, 그만큼 국제 교류가 많아졌고 자신의 학문을 더욱 발전시키고 연구하기 위하여, 국내에서는 시설이나 자료의 빈곤을 절감하기 때문에 부득이 해외 연구 교육 기관에 유학을 하는 경우도 있겠고, 어학을 배우러 나가는 경우도 많아졌다.

　여기서는 특별히 유학에 필요한 서류와 입학 원서 기재 요령을 자세히 설명하겠다.

　유학에 필요한 서류는 학교마다 다소 차이는 있지만, 일반적으로 미국의 대학에서는 다음의 서류를 요구한다.

　(1) 입학 원서(Application for Admission)

　(2) 성적 증명서(Transcript of Records)

　(3) 졸업 증명서(Certificate of Graduation)

　(4) 건강 진단서(Health Certificate)

　(5) 재정 능력 증명서(Statement of Financial Support)

　(6) 추천장(Letter of Recommendation)

　(7) 이력서(Autobiography)

　(8) 영어 능력 시험 점수(Examinee's Score Confirmation Records)

　(9) 신청료(Application Free)

(1) 입학 원서(Application for Admission)

대학마다 양식이 다르고 기재 사항도 다소 틀리다. 원서를 청구할 때는 주소 · 성명

이외에도 희망하는 전공 분야, 학위 및 학력, 경력 등을 쓴 편지를 먼저 보내는 것이 통례다.

입학 원서 기재 요령은 먼저 원서에 쓰여 있는 설명을 자세히 읽어보고 필요한 기재사항을 타이프로 쳐서 기재하는 것이 바람직하지만, 경우에 따라서는 영어를 인쇄체로 직접 써서 기재하기도 한다.

원서의 제출은 늦어도 예정 입학 시기의 6개월 전까지는 할 것. 다만, 학교마다 제출 마감일이 다르므로 반드시 학교 홈페이지로 안내서등을 참조 · 확인해 둘 필요가 있다. 원서를 제출한 후 약 2~3개월 뒤에 입학 허가 통지서가 도착되는 것이 보통이다.

(2) 성적 증명서(Transcript of Records)

간단히 "Transcript" 또는 "school record"라고도 한다. 출신 학교, 또는 재학하고 있는 학교(편입하는 경우 등)가 발부하는 정식 영문 양식으로 된 증명서가 요구된다. 성적 증명서는 학교에서 직접 본인이 희망하는 대학으로 발송하도록 하는 경우도 많은데, 학교장, 학장 등의 서명과 학교인이 날인되어 있어야 한다. 대학마다 양식이 정해져 있다.

이수 과목, 학점 , 평점, 수학 기간 등을 기입한다. 성적은 ABC식으로 나타내는 것이 보통이지만, 이 경우에는 졸업한 학교의 평점 범위, 환산 기준 등을 분명히 설명하도록 한다. 고등학교 성적 증명서의 경우 본인의 졸업 연도의 전 졸업생 중의 석차를 명기하도록 요구하는 일도 있는데, 이때는 상위 몇 %, 또는 몇 명 중 몇 번째와 같이 표시해야 된다.

(3) 졸업 증명서(Certificate of Graduation)

졸업한 사실을 공식으로 증명하는 서류로써 본인의 성명, 생년월일, 졸업 월일, 학교장의 서명, 학교인의 날인 등이 기재되어 있는 영문 양식으로 된 것이 필요하다. 대학 중퇴자의 경우는 출신 학교의 졸업 증명서가 요구되는 경우가 많으나, 대학 졸업자의 경우는 성적 증명서만 제출함으로써 이것을 필요로 하지 않을 때도 있다.

(4) 건강 진단서(Health Certificate)

보통은 외국의 대학에서 보내주는 소정의 양식을 사용한다. 일반 병원 또는 종합 병원에서 작성한 영문으로 된 진단서가 필요하다. 작은 병원에서는 영문 진단서를 발행하지 않는 경우도 있으므로 사전에 확인할 것. 진단서에는 의사의 서명이 필요하다.

(5) 재정 능력 증명서(Statement of Financial Support)

유학에 필요한 경비의 지불 능력을 증명하는 서류인데, 각 대학마다 소정의 용지가 준비되어 있는 경우가 많으나, 없을 때에는 유학 비용을 부담하는 사람(개인 유학인 경우는 학부형들, 기업이나 관공서일 때는 부서장)이 본인과의 관계, 직업, 근무처, 연 수입 및 부담액을 기재하여, 은행이나 우체국의 예금 잔고 증명서등과 같은 재정 상태를 증명할 수 있는 서류를 함께 제출한다. 필요한 경비는 각 대학의 안내서를 보면 알 수 있지만, 일년간의 학비, 체재 비용 등을 조달하기 위해서는 적어도 10,000 달러에 상당하는 잔고가 필요하다.

(6) 추천장(Letter of Recommendation)

원서를 제출할 때 첨부하는 서류로써, 지원자의 능력, 의욕, 성격, 건강, 장래성등과 결점 같은 것도 포함해서 공정하게 구체적으로 쓰는 것이 바람직하다. 이것을 요구하지 않는 대학도 있지만, 보통은 추천인이 2, 3인 정도 필요한데, 본인을 잘 알고 있는 대학의 교수나 직장 상사등이 작성한 것이 좋다. 지망 학교에 소정의 양식이 있으면 그것을 사용하여야 되지만, 없을 때에는 추천인의 학교 또는 회사의 양식지(가급적이면 백지)를 사용해도 좋다. 영문으로 된 것이 필요하며, 타이프 친 것이 좋고, 길이는 타이프 용지 1매 정도가 좋다.

추천인의 서명을 잊지 말고 꼭 받을 것. 대학원에서는 특히 추천장이 중시되고 있다.

추천장은 추천인이 직접 대학으로 보내는 편이 좋지만, 여러 장의 추천장을 지망자 본인이 직접 발송하는 경우는 추천장 한통 한통씩 따로 봉투에 넣어서 제출 서류에 동봉한다.

(7) 이력서(Autobiography)

원서에 첨부하여 지원 학교에 제출하는 서류인데, 입학 심사의 대상이 된다. 원서의 기재 사항도 중요하지만, 본인의 성장 내력, 체험, 지원 동기, 희망하는 전공 분야, 장래의 목적 등을 구체적으로 쓴다. 서면에 의한 면접이라고 생각하면 된다. 길이는 타이프 용지로 1장 정도.

(8) 영어 능력 시험 점수(Examinee's Score Confirmation Records)

미국 대학이나 대학원에 원서 제출할 때는 TOEFL이나 미시건 대학 영어 실력 시험(Michigan Test of English Language Proficiency)같은 영어 실력에 대한

(English Proficiency Test)점수를 제시할 필요가 있다.

TOEFL의 경우 실시 기관인 ETS가 직접 지원 학교로 성적표(Score board)를 우송하도록 조치를 취해둘 것. 현재 대부분의 대학에서 TOEFL 시험을 보도록 하고 있다. 요구하는 영어 시험은 대학에 따라 다른 경우도 있으므로, 학교 안내서등을 보고 확인해 보아야 한다. 대학원에서는 GRE, 경영 분야를 전공하는 경우에는 GMAT를 요구하는 경우도 있다.

그러나 대학에서 인정하는 부속 또는 지정 연수 기관에서 소정의 코스를 수료하는 경우에는 영어 시험 성적을 제출하지 않아도 정규학생 신분으로써 입학을 허가하는 경우도 있다.

(9) 신청료(Application Free)

수수료는 대학에 따라 다른데, 무료로 해주고 있는 곳도 있지만, 대개 20~50달러 정도 받고 있다.

외환 업무를 취급하고 있는 은행에서 송금 수표로 만들어 원서에 동봉한다.

수수료는 합격, 불합격에 상관없이 반환하지 않는다.

(non refundable)

그럼, 이제 실제로 미시간 대학의 입학 원서를 예를 들어 한 항목씩 해설해 나가면서 기재하여 보기로 하자.

1. Name of Applicant(지원자 성명)

▶Family(Surname, Last) name은 성(姓)을 말하며 전부 대문자로 쓴다.

Given(First) name은 이름(名)을 말하며 첫 글자만 대문자로 쓰고 나머지는 소문자로 쓴다.

예를 들어, KIM min-u같이 쓰면 된다.

2. Present Mailing Address(현주소)

▶원서 제출 당시에 실제 살고 있는 주소로써, 합격 통지나 연락 사항을 우편으로 받을 수 있는 장소를 기재한다.

"예" 123, Dobong-dong, Dobong-gu, Seoul, Korea

3. Present Home Address(현주소)

▶주민등록 주소를 말하며 기재 요령은 위와 같다.

4. Sex(성별)

▶Male(남성)/Female(여성)

해당하는 것을 기재

5. Married/Single(기혼/미혼)

▶기혼이면 M, 미혼이면 S로 기재

6. Citizenship(시민권, 국적)

▶Korean으로 기재

7. Date of Birth(생년월일)

▶Month(월), Date(일), Year(년도)순으로 기입

"예" October 10, 2005

8. Country of Birth(출생국)

▶Korea

9. Type of U. S. visa you hold or hope to obtain

(보유 또는 취득 예정인 입국 사증의 종류)

▶이 난은 입국 사증(Visa)의 종류를 기재하는데, 조금 설명이 필요한 것 같다.

먼저, 비자의 종류에는 F-1비자(학생비자), 교환 유학생이나 교환 교수 등일 경우의 J-1비자(교환 비자), B-2비자(방문 비자), Permanent resident 비자(영구 거주자 비자)등이 있다.

(1) Student Visa(학생 비자)

학생 비자라고 하며, 비이민 비자(non-immigrant visa)의 하나로, 미국에 유학하

149

는 경우 주한 미대사관 영사부, 혹은 각지에 있는 미영사관에서 교부한다. F-1비자라고도 부르며, 이 비자를 얻기 위해서는 패스포트(여권), 유학 중에 재정 부담을 증명하는 서류, 대사관이 지정하는 병원에서 발부한 건강 진단서등, 비자를 신청할 때 반드시 제출하는 서류 이외에 유학하려는 미국 내의 학교가 발행하는 "I-20"이라는 입학 허가증이 필요하다.

(2) Exchange Visitor' s Visa(교환 방문 사증, 초청 비자, 교환 유학생 비자)

플브라이트 교환 유학생처럼 미국과 한국의 대학간에 교환 방문하는 경우에 교부되는 비자로써, 유학생이나 연구원 본인이 취득하며 J-1비자라고도 부른다.

미국에 있는 자매 학교에 유학하는 경우도 J-1비자를 취득한다. 교환 방문하는 유학생의 가족들은 J-2비자가 필요하다.

이상 대부분의 유학생들의 취득해야 하는 F-1, J-1비자에 대하여 설명했다. 자신이 얻고자 하는 비자의 종류를 기재하면 된다.

10. I-20 I. D(입학 허가증 번호)

이것은 Eligibility for Student Visa로서 미국의 각 대학이 발행하는 정식 입학 허가증으로 통상 I-20이라고 한다. 유학을 목적으로한 도미일 경우는 이것이 없으면 비자를 받을 수 없다.

교환 유학생의 경우는 IAP-66이라고 부른다.

이 난은 해당하는 사람만 기재한다.

11. Degree applying(신청 학위) for

(1) Bachelor' s~

(2) Master' s~

(3) Specialist~

(4) Doctorate~

우선 Bachelor니 Master니 하는 학위에 대해서 간단히 설명하기로 하자.

(1) Bachelor(학사)

4년제 대학이나 또는 Upper decision school과 같은 4년제 대학과 동등한 과정을 정규 수료한 사람에게 주는 학위.

학사 학위는 전공에 따라 다르며, 인문계나 사회 과학 계열의 학부를 졸업한 사람에게는 Bachelor of Arts(BA, 문학사), 자연 과학 계열의 학부를 졸업한 사람에게는 Bachelor of Science(BS, 이학사), 의과 계열의 학부를 졸업한 사람에게는 Bachelor of Medicine(BM, 의학사)의 학위가 수여된다.

(2) Master(석사)

대학원의 석사 과정을 수료한 사람에게 주는 학위. Master of Arts(MA, 문학 석사), Master of Science(MS, 이학 석사), Master of Business Administration(MBA, 경영학 석사)등이 있다. 분야에 따라 다르지만 미국에서는 3학기, 16개월 정도 수학하면 석사 학위를 취득하는 경우도 많다.

(3) Specialist 여기에는 두 가지 뜻이 있으므로 주의할 것

a) 특별 연구 학생 : 학적 취득을 목적으로 하지 않고 1학기 동안 일정한 과목을 수강하는 학생. 과목 등록, 수업료 납부 등은 정규 학생에 준한다. 청강생하고는 달라서, 연구생의 경우에는 학생 비자(F-1)로 체재가 가능하나, 이러한 학생을 인정하지 않는 대학도 있다.

b) 편입생으로 다른 대학이나 교육 기관으로부터 편입한 학생, 미국에서는 편입 제도가 확립되어 있어 먼저 학교에서 취득한 학점 거의 대부분을 인정하고 있다.

(4) Doctorate(박사)

대학원의 박사 과정을 수료하고, 논문 심사에 합격한 사람에 주는 최고 학위이며, 이것을 취득하기 위해서는 통상 대학을 졸업한 후, 대학원의 석사 과정을 1~2년 수강한 다음에 다시 이 과정을 밟게 되지만, 생물학과 같은 전문 분야는 대학원까지 일관되게 교육을 시키고 있어 석사 학위는 필요 없이 직접 박사 과정에 들어갈 수도 있다. 학위를 취득할 때까지는 2~3년 이상 걸리는 것이 보통인데, 대개의 경우 박사 논문을 제출하기 위한 전 단계 학위 후보생(Degree candidate)이 되기 위해 외국어 독해 능력과 전문 분야의 기초 지식의 유무를 판정하는 자격 시험이 과해진다.

Doctor of Divinity(Law, Medicine) 신학(법학, 의학) 박사.

이상 간단히 여러 가지 학위에 대하여 설명하였는데, 기재 요령은 먼저 학교 안내

서를 자세히 읽어보고 전술한 바와 같이 수강하려는 해당 과정(학사 · 석사 과정 등)에
표시하도록 한다.

12. Enrollment date(등록학기)

~ Fall 19 ~

~ Winter 19 ~

~ Spring 19 ~

~ Summer 19 ~

이 난을 기재하기 전에 먼저 미국의 학기 제도를 좀 검토하여 보기로 하자. 미국에서
는 Semester system(2학기제), Trimester system(3학기제), Quarter system(4학기
제)등 이 있다.

(1) Semester system(2학기제)

미국에서 비교적 많이 채용하는 있는 학제인데, 1학년을 2학기로 나누어, 전기는 가
을 학기라고 하며, 9월 초순경부터 1월 하순까지, 후기는 봄학기라고 하며 2월 중순까
지 6월 초순까지 되어 있다.

(2) Trimester system(3학기제)

1학년을 셋으로 구분하여, 1학기는 9월 초순 12월 23일경, 2학기는 1월 4일경 4월
중순경, 3학기는 5월초 8월 상순.

(3) Quarter system(4학기제)

1학년을 넷으로 나누어서, 각 학기는 10~12주간으로, 보통 9월 20일경~12월 20일
경, 1월 초순~3월 15일경, 4월 초순~6월 초순, 6월 20일~8월 25일경으로 4기로 나누
어져 있다.

이상 학기 제도를 간단히 설명하였으며, 미국의 학년도(Academic year)는 보통 9
월, 10월에 신학기가 시작되며, 5월 또는 6월 초에 학년이 끝난다.

2학기제의 대학에서는 제2학기는 2월에 시작하는 것이 보통이며, 4학기제 대학에서
는 제2학기는 통상 12월에, 제3학기는 2월 하순부터 3월 상순에 시작한다.

이상의 설명을 듣고 독자 여러분은 어떻게 이 난을 기재하여야 되는지 잘 알 수 있으

리라고 생각된다.

이 양식지는 4학기 제도로 제1학기인 가을 학기로 시작하여 겨울, 봄, 여러 학기로 끝나고 있음을 보여 주고 있다. 뒤의 숫자는 학년도를 말하므로 등록 학년도를 기재한다.

그러나 먼저 학교의 안내서에 기재되어 있는 학기 제도 또는 수강등록에 관해 자세히 읽어 본 후에 기재하도록 한다.

13. Major Area of Study(전공 분야 과목)

미국의 4년제 대학에서는 처음 2년간(low division)은 일반 교양 과목을 이수하면서 분야를 골라, 뒤의 2년간(Upper division)전문 분야의 과목을 집중적으로 공부한다. 따라서 BA(문학사)를 취득하려고 입학한 학생이 BS(이학사)를 취득하는 일도 있다.

a) double majors : 보통은 하나의 전공을 결정하여 학위를 취득하기 위하여 과목을 선택하지만, 경우에 따라 2가지 전공을 동시에 이수하여 2개 분야의 학사 학위를 얻을 수도 있다.

b) Minor(제 2전공, 부전공) : 학위 취득 대상인 주 전공 다음으로 중점을 두고 얻는 전공 과목, 인문 계열의 과목을 제2전공으로 하는 경우, 졸업 시에 취득하는 자격은 Bachelor of Arts가 된다.

14. Objective test(s) you plan to take or have already taken : Date of Test:(응시 예정 또는 응시한 영어 시험 및 수검 일자)

(1) MTELP

(2) TOEFL

(3) GMAT

(4) GRE

이 항목도 생소한 독자를 위하여 설명하기로 하자.

(1) MTELP(Michigan Test of English Language Proficiency)

"미시건 대학 영어 능력 시험"이다. 미시건 대학이 독자적으로 실시하는 영어 능력 테스트이며 문법, 어휘, 독해력, 영작 등의 영어 실력을 테스트하는 객관적 시험으로 시험관에 따라 리스닝 테스트가 있다. 지원 학교가 미시건 테스트를 받을 것을 요구하는 경우는 미시건 대학에 연락하여야 한다.

(2) TOEFL(Test of English as a Foreign Language)

이 말은 독자도 잘 알고 있으리라고 생각된다. 시중에 나온 책도 많고 또 이것을 실제 강의하고 있는 학원도 많은 것 같다. 이번 기회에 좀 자세히 소개해 보기로 하자.

TOEFL이란 Test of English as a Foreign Language

약자로써, 영어를 모국어로 쓰지 않는 외국인이 미국 내의 대학, 대학원, 전문학교("예" 줄리아드 음악 학교, 미국 보석 감정사 학교 등)에 입학하여 수업을 받을 정도의 종합적인 영어 실력이 있는가 어떤가를 알아보는 시험이다.

또한 캐나다, 오스트레일리아에서도 영어 능력 시험으로 TOEFL을 요구하는 대학이 많다.

출제 범위는 상당히 넓어서, 고득점을 얻기 위해서는 동의어, 반의어, 숙어, 어법 등을 숙지하고 있어야 한다. "수험 안내서"(Examinee Handbook and Admission Form)에도 소위 "벼락치기" 공부로서는 좋은 점수를 얻을 수 없다고 명확히 적혀 있으니 이 점을 유의하여 열심히 공부할 필요가 있다.

TOEFL을 제작, 개발한 ETS(Educational Testing Service)는 1947년 설립된 공공 기관으로 이러한 종류의 교육 기관으로서는 세계 최대의 조직을 가지고 있으며, ETS가 제작, 실시하고 있는 테스트에는 TOEFL 이외에 SAT(Scholastic Aptitude Test), 대학원 진학을 희망하는 사람이 받는 GRE(Graduate Record Examination), 비즈니스 스쿨에 진학하려는 사람이 받는 GMAT(Graduate Management Admission Test) 법률 학교에 진학하려는 사람이 받는 LAST(Law School Admission Test)등이 있다.

1963년에 제1회 TOEFL이 실시되어, 당초는 미국내 고등 교육 기관에 유학을 희망하는 외국인의 영어 실력을 테스트하기 위하여 민간 및 정부 기관의 대표에 의해 구성된 위원회가 설립되어 "포드 및 댄포스 기금"(재단)으로부터 재정 지원을 받은 Modern Language Association이 관장하였다. 1965년 이후는 전술한 ETS와 대학 입시 위원회(The College Board)의 공동 운영하에 실시하고 있다.

TOEFL 테스트에는 4가지 종류가 있는데, 현재 우리나라에서 시험을 볼 수 있는 것은 다음 중 1~3가지 테스트가 있다.

1. International Test : 연 6회 실시

2. Special Test : 연 6회 실시

3. Overseas Institutional Test : 수시로 각 교육 기관에서 실시

4. Institutional Test : 미국 내, 캐나다에서 수시로 실시

시험은 3개 부문으로 구성되어 4지 선택형 문제이다. 시험 기간은 약 2시간 정도이며, 문제 수는 200개다.

간단히 그 내용을 요약하여 보면,

a) Section I : Listening Comprehension (50문제, 약 40분)

소위 히어링 문제인데, 미국에서 사용하고 있는 미국 영어의 이해력을 테스트한다. 일상 영어에 쓰는 말의 이해에 중점을 둔다. 문제는 구어 영어에 잘 쓰여지는 어휘, 구문, 화법을 포함하여 영어를 모국어로 쓰지 않는 사람에게는 어려운 영어 발음, 억양을 들을 수 있는 능력을 테스트한다. 테이프에 녹음된 표준 미국 영어를 듣고 인쇄된 텍스트에서 정답을 고른다. 각 문제를 normal speed(정상 속도)로 한 번만 불러 준다.

문제의 형식은 Statement(서술), Dialogue(대화), Conversation(회화), Short talk(강의)등 4종류로, Part A의 Statement 20문, Part B의 Dialogue 15분, Part C의 Conversation 및 Short talk 15문의 합계 50문제로 되어 있다.

소요 시간은 약 40분이지만, 이에는 문제를 읽어주는 시간이 포함되어 있으므로 실제 해답 시간은 한 문제에 13초 정도이다.

b) Section II : Structure and Written Expression(40문, 25분)

구문 및 작문 문제로써, 표준 미국 영어의 중요한 어법 , 문법 상의 문제에 대한 이해력을 테스트한다.

시험 문제는 회화 영어가 아니고, 정식 영어를 쓸 수 있는 능력을 알아본다.

출제되는 주제(Topic)는 일반 교양에 관한 것으로, 특별한 분야의 연구자나 특정 국가, 혹은 언어 집단에 속하는 사람에게 유리하지 않도록 배려되어 있다. 미국에 관

한 문제가 출제되고 있다. 문제의 형식 및 수요는 다시 선택식으로 문장을 완성시키는 문제가 15문, 틀린 문장을 정정하는 문제가 25분이니까, 한 문제는 37.5초에 풀지 않으면 안된다.

c) Section Ⅲ : Reading Comprehensive and Vocabulary(60문, 45분)

독해력 및 어휘 문제로써 대학에서 수업하는 정도의 일반적인 독해력 유무를 테스트한다. 따라서 Section Ⅱ 와 비슷하게 특정 분야를 연구하고 있는 사람에게 유리한 문제는 출제되지 않는다. 보통 상식으로 해답할 수 있는 문제이므로 전문 지식을 묻는 일은 없다. 문제의 형식은 동의어 선택 문제와 긴 문장을 독해하는 문제로 각각 30문제씩 합계 60문제가 출제된다. 소요 시간이 45분이니까 한 문제를 평균 45초에 풀 수 있는 독해력이 필요하다.

(3) GMAT(Graduate Management Admission Test)

먼저 항목에서 약간 언급하였지만, 미국 내 경영 대학원(Business School)에 입학할 때 보는 시험으로, 기업의 관리직에 필요로 하는 적성, 예를 들어 정보 자료의 분석 능력이나 계산 능력, 정확한 판단 능력 등을 판정한다.

영어와 수학으로 되어 있으며, 영어는 주로 독해력, 수학은 기본적인 이해력 분석 능력을 테스트한다. 전체 8개 부문으로 나뉘어져 있으며, 각각 20~30문제로 된 다지 선택형 문제가 포함되어 있다. 최근에는 하버드 비즈니스 스쿨이 GMAT를 폐지하기로 결정하여, 그 대신 대학에서의 성적이나 인물 평가를 중시하기로 했다. ETS가 주최하여 실시한다.

(4) GRE(Graduate Record Examination)

대학원에 입학하려는 사람에게 요구되는 테스트인데, 대학원에서의 수학 능력 여부를 판정한다. Law School(법률 학교) Medical School, Business School을 제외하고 대부분의 대학원에서 요구하고 있다.

기초적인 학력을 Test하는 General Test, 전문 분야의 지식을 Test하는 Subject Test가 있다.

이상 외국에 유학하려는 사람들이 보는 영어 시험에 대하여 간단하게 소개하였다. 본 관을 기재하는 요령은 해당되는 시험 종류에 수검 일자를 기재하면 된다.

"예" TOEFL May 10, 2005

15. Do you plan to enter an intensive English Program?

Yes~ No~ If so, location and date~

(집중 영어 강좌 수강 계획 유무, 수강 장소 및 수강 일시)

Intensive English Program(집중 영어 강좌)이란 IEP로 약칭하며, 영어 실력이 수준 이하의 유학생을 대상으로 하는데, 대부분 대학에 부속하는 보조 강좌이다. 이른바 영어 유학 기관으로 알려져 있는데, 영어 능력 시험(English Proficiency Test)성적이 나쁜 학생이라도 IEP의 수강을 조건으로 입학을 허가하는 학교도 있다. 예를 들어 TOEFL 점수가 500점이라면 학기 전에 4주간 정도 영어 실력을 집중 연마하여 리포트 쓰는 법, 도서관 이용법, 강의 노트 하는 법등 소위 College skill을 익히도록 가르쳐 주는 일도 있다.

a) College skill : 학교 생활 요령

상급 레벨에서는 학교 수업을 청강할 수도 있다.

해당되는 사람이나 계획이 있는 사람은 Yes 난에 마크하고 수강 장소 및 일시를 기재하도록 한다.

안내서와 입학 원서 안내문을 읽고 기재하도록 한다.

16. List below all secondary and post-secondary

institutions you have attended:(학력)

Institution(학교명)

Dates of Attendance(재학 기간)

Degree/Diploma Received(학위 · 졸업)

미국에서는 Secondary School(중등학교)란 우리나라의 중학교란 말이 아니라 중학교와 고등학교를 통틀어서 말한 것이다.

미국에서는 보통 우리나라와 마찬가지로 중학교 3년간, 고등학교 3년간을 교육하지만, 주나 지역에 따라서 초등학교 5년, 중학교 4년, 고등학교 3년제의 학제도 있다. Post-secondary는 초등학교를 말함.

기재 요령은 초등학교부터 고등학교까지 이력서의 학력란에 쓰여 있듯이 순서대로 기재하면 된다.

Institution
Midong Grade School
Seoul Middle School
Seoul High School

Dates of Attendance
March, 1991-February, 1995
March, 1991-February, 1998
March, 1998-February, 2001

Degree/Diploma
Diploma
Diploma
Diploma

17. Employment History(경력)
    Nature of Work(직무 내용)
    Employer and Address(직장명 및 주소)
    Dates : Beginning and Ending(근무 기간)
현재까지의 경력의 기재하며, 특히 직장의 주소를 기재하는 것을 잊지 말도록.
기재 요령은 이력서 쓰는 법의 경력을 쓰는 것과 같다.

18. Signature(서명), Date(작성 일자)
    서명란 위의 줄에 쓰여 있는 말은 "본 입학 원서에 기재되어 있는 것은 사실과 다음이 없으며, 또한 본인은 입학금 및 제 비용을 숙지하고 있으며 이러한 비용을 숙지하고 있으며 이러한 비용을 납부할 각오가 되어 있다."는 내용이다.

이제 입학할 모든 준비를 점검하고 마음가짐을 분명히 하였으면 정성들여 서명을 하도록 하자.

44 E-mail 쓰는 법

■ **자기소개 : 표현의 포인트**

1. 친근하게

자기소개라고 하면 한국인은 아무래도 인사장에 가까운 딱딱한 메시지를 쓰기 쉽습니다. 그러나 너무 딱딱한 인사 메일을 받으면 이제부터 동료로 일할 예정인 사람들로서는 그 사람의 인품을 추측할 수 없습니다. 나쁜 예를 들어보겠습니다.

I would like to introduce myself. My name is Kim Min-u. I will be the new head of the Finance Department of our San Francisco office. I have never been to London. I will do my best at your office. Thank you.

이 문장으로는 쓴 사람의 개성을 느낄 수 없는 점이 유감입니다. 어깨의 힘을 빼고 메시지를 쓰는 일이 중요합니다. 그렇게 하면 부임 당일 동료들은 웃는 얼굴로 맞이할 것입니다.

2. 거만하게 하지 않는다.

메시지를 쓸 때에 되도록 건방지게 되지 않도록 조심해야 합니다. 실력 이상의 것을 써서 상대방에게 과대한 기대나 비대한 이미지를 갖도록 한다면 곤란한 일입니다.

I graduated from Harvard Business School with honors and studied almost every case related to management issues. You can be sure that you can expect improvement in corporate planning and strategies after my arrival.

Just count on me!

이 문장에서는 확실히 우수한 인재라고 알 수 있지만, 이렇게 거만하면 가까이 할 수가 없습니다. 이력서가 아니기 때문에 자연스럽게 써야 합니다.

I am from Seoul, where I have spent most of my life· so far. I joined the company three years ago, after graduating from the University of Seoul, where I majored in Korean literature. If you want to understand more about Korea, please feel free to talk to me.

어떻습니까? 위의 문장에 비해 뽐내는 기색이 없고 자연스럽게 자신을 표현하고 있는 점을 깨닫게 될 것입니다. '역겨운 녀석이 오는 모양이다.' 등으로 동료에게 호의적이 아닌 말을 듣지 않도록 주의해야 합니다.

Being new to the London office, I would like to introduce myself. I have been with our company for 5 years, mostly in the accounting department, but with one year's international experience in our Luxembourg office. Previously I worked for Seoul Beer Co.,Ltd. as an accountant, I graduated in Finance from the University of Seoul.

I am looking forward to working with you, and hope that I can be as much a help as I am a burden in this first month.

런던 사무실에는 처음이기 때문에 자기소개를 하고 싶습니다. 저는 입사 5년째이며, 주로 경리부에서 근무하였습니다만, 룩셈부르크 사무실에서 1년간 해외 근무를 한 경험이 있습니다. 이전에는 서울 맥주에서 회계사로 근무하였습니다. 서울 대학에서 재정학을 전공하고 졸업하였습니다.

여러분과 함께 일하기를 고대하고 있으며 폐를 끼친다고 생각하지만 도움이 되도록 열심히 노력하겠습니다.

■ **계절 인사 : 표현의 포인트**

1. 계절 인사는 최소한으로

비즈니스에서 인사는 장황하게 하지 마십시오.

특히 휴일이 가까울 때는 상대방도 바쁘기 마련입니다. 비즈니스 인사는 상대방에게 필요한 사항을 효과적으로 전달하는 것이 중요합니다.

예문에서도 최초의 한 문장만 인사로 되어 있습니다.

다른 표현으로는,

We would like to take this opportunity to wish you a very Merry Christmas, and a Happy New Year.

Happy holidays! May the next year bring you even more fortune!

등이 있습니다.

2. 휴업중의 업무

상대방에게 필요한 정보는 언제부터 휴업하고 언제 업무를 재개하는가 하는 점으로 끝납니다.

인사가 아니고 중요한 용건이기 때문에 포인트를 놓치지 않도록 한 것입니다.

Our office will be closed from December 29 at 5 PM and will open again on January 4 at 9 AM.

Although all of our sales staff will be off duty during the holidays, our Finance Department will be available.

3. 공사를 혼동하지 않는다.

인사 메일이라고 하지만 비즈니스 메일은 용건을 전달하는 것이며 개인적인 메시지를 전달하는 것은 아닙니다.

따라서 휴가 동안에 어디로 갈 예정인가 등의 개인적인 질문을 하고 싶은 경우에는 비즈니스 메일과는 별도로 개인적인 메시지를 다시 1통 메일로 보내는 것이 예의입니다.

We wish everyone a pleasant national holiday next Monday. We will also be talking the day off and doing some maintenance work on our telephone system. We will not be able to receive any calls that day.
Looking forward to hearing from you after the holiday.

다음주 월요일 즐거운 휴가를 보내십시오. 우리들도 휴가를 가고 전화 시스템의 보수 작업을 할 예정이기 때문에 당일은 전화를 받을 수 없습니다.

휴가 후에 연락해 주시기를 기대하고 있습니다.

■ 크리스마스 카드

휴일에 관한 정보를 고객에게 연락하는 것은 비즈니스에서 상식입니다. 지금까지 팩시밀리나 편지로 연락했지만 앞으로는 E-mail로 연락하는 일이 많을 것입니다. 중요한 것은 수취하는 상대에게 용건만을 정확하게 전달하는 것입니다. 상대에게 회답을 요구하지 않는 성격의 E-mail은 간결함이 생명입니다. 또 E-mail은 크리스마스 카드를 대신하는 것이 아니기 때문에 크리스마스 카드는 E-mail과는 별도로 보내도록 하십시오. 정성이 담긴 손으로 쓴 메시지보다 좋은 것은 없습니다.

■ 시간과 장소의 제안 : 표현의 포인트

1. 시간과 장소는 명확하게
약속의 가장 중요한 부분은 '장소' 와 '시간' 입니다.

"Can I suggest Wednesday as a possibility?"라는 것만으로는 몇 시인지 알 수 없고 장소도 모릅니다.

하다못해 "Can we meet at your office on Wednesday at 4 o' clock?"이라는 정도의 메시지를 보내야 합니다.

2. 일방적으로 하지 않는다.
약속 시간을 제안하면서 자신의 형편만을 주장하는 메시지를 쓰면 안됩니다.

예를 들어,

May I suggest Wednesday as the best day?

4 o' clock would be best for me.

등으로 말하는 방법은 어떻게든 자신의 형편만을 주장하고 있습니다. 시간이나 장소는 자신과 상대방 쌍방의 "best"가 원칙입니다.

3. 용건을 간결하게
무엇을 위한 면담인지, 모이는 용건을 간결하게 관계자에게 통지할 필요가 있습니다. 미팅에는 반드시 의제가 존재합니다. 관계자 각자에게는 해결해야 할 과제가 있게 마련이기 때문에 그것을 관계자 전원에게 상기시키는 일이 중요합니다.

4. 시간과 장소를 제안한다.
미팅 약속을 한다는 것은 일상적인 일이기 때문에 메시지를 쓸 기회가 비교적 많을 것으로 생각합니다.

그러나 약속을 할 때 "When can we meet?"라는 메시지만을 보내는 사람이 의외로 많아서 놀랍습니다. 약속할 때는 반드시 자신의 형편을 덧붙이십시오.

"I can meet you at any time on Wednesday."로 하는 것만으로도 상대방은 훨씬

답장을 하기 쉽게 됩니다.

May I suggest Wednesday 4 o'clock as a possibility? I
have a meeting in the area of your headquarters from 1 to
3 PM on that day.
Please advise.

수요일 4시가 어떻습니까? 그 날 당신의 본사 근처에서 1시부터 3시까지 회의가
있습니다. 형편을 알려 주십시오.

■ 대필

E-mail의 커뮤니케이션이 일상적인 것으로 되면 외출중인 상사로부터 전화로 거
래처에 E-mail을 대필하도록 지시를 받는 일이 있습니다. 그 때 주의해야 할 점이
몇 가지 있습니다.

우선 첫째로 E-mail의 From 부분을 상사의 어드레스와 이름으로 바꾸어 본인이
보낸 것처럼 보이지 않게 하는 것입니다. 대필은 본인인 체하는 것은 아닙니다.

"I am sending this message on behalf of Mr. XX"이라는 문장을 반드시 넣어
서 이 메일이 Mr. XX의 대필이라는 것을 상대방에게 전해야 합니다.

둘째로 상사의 말을 상대에게 정확하게 전달한다는 점입니다. 단순하면서 빠짐이
없는 메시지를 써야 합니다. 그러나 때로는 한글을 충실하게 영어로 직역하는 뜻하
지 않는 문제를 일으키는 일이 있습니다.

'적극적으로 검토하겠습니다.'를 "We will think about it."이 아니라

"We will take it into our consideration."으로 하여 문제가 된 경우도 있으니 주
의하십시오.

■ 메일로 전언 : 표현의 포인트

1. 군더더기를 없앤다.

전언을 E-mail로 보내는 경우에는 군더더기를 없앤 메시지를 쓰도록 해야 합니다. 특히 예문과 같이 일반적으로 영어 직원이 귀사했을 때 대충 보는 메시지가 많기 때문에 용건을 간결하고 알기 쉽게 써야 합니다.

사정이 복잡하게 얽혀서 아무래도 본인에게 상세를 알릴 필요가 있는 경우에는 다음과 같은 문장을 덧붙이십시오.

Please check with me for details.

Please call at my extension 5521 for the further details.

2. 필요 사항을 파악한다.

전언을 쓰는 경우에는 5W1H의 필요 사항을 충족시켜야 합니다. 특히 전화로 받은 전언은 보통의 전화 메모와 같은 전언의 내용 외에 최소한 전화 발신자, 수신자, 수신 시각, 회답의 필요성 그리고 수신 내용을 포함해야 합니다.

Ms. Martin from XYZ publishing called this afternoon. She wanted you to confirm the interview with you on Thursday. Please call her back or email her to confirm the appointment.

2/18 1:30 PM

-Jeniffer

3. 우선권을 명시한다.

직종에 따라서는 수많은 E-mail을 읽어야 하는 사람도 있습니다. 자신이 이제부터 전하려고 하는 메시지를 어떤 정도의 우선권을 부여하여 읽고 싶은지를 Subject(제명)로 표시하도록 하십시오.

· [URGENT] 긴급히 읽기 바라는 메시지를 나타냅니다.
· [IMPORTANT] 중요한 메시지를 나타냅니다.

· [REPLY REQUEST] 답장이 필요한 메시지입니다.

· [NEWS] 업계에 관한 뉴스 등을 보내는 경우.

· [ANNOUNCEMENT] 인사 이동이나 사무소의 신설등 사내의 발표 사항.

이 밖에도 사내에서 규칙을 만들어 응용해 보십시오.

David.

Mr. Jim Evance, Purchasing Manager, XYZ company, called when you were out.

He was looking for an accounting software package which could handle "Action Base Costing" system. Please return the call at 010-382-XXXX as soon as you get in. Thank you.

2/15 2:15 PM

-Min Sook

데비드

XYZ사 구매부 매니저인 짐 에반스 씨로부터 부재중에 전화가 왔습니다.

에반스 씨는 'Action Base Costing'을 취급할 수 있는 회계 처리 종합 소프트웨어를 찾고 있습니다.

귀사하는 대로 010-328-XXXX로 전화하시기 바랍니다.

2월 15일 오후 2시 15분

민숙

■ 전언 메일의 운용

전언 메일은 사무실 환경에서는 일상적으로 사용되며 가장 빈도가 높지만, E-mail에 관한 규칙이 확립되어 있지 않기 때문에 사람에 따라 작성 방법이 제각기 다릅니다. 전언을 받았어도 그 발신자에게 전화를 걸어야 하거나 반대로 수신자가 메시지를 못 보고 빠뜨려서 후에 곤란하게 되는 일이 드물지 않습니다. 사내에서 어느정도 규칙을 정해 운용하기를 강력하게 권장합니다.

45 주의 사항

1. 편지를 쓸 때의 주의 사항

리리안 외트슨 여사는 「올바른 편지를 쓰는 법」 중에서 특히 주의하여야 할 점으로서 다음 사항을 열거하고 있습니다. 필히 초안을 잡을 것. 쓴 것은 반드시 되풀이해서 읽을 것.

이것은 머리에 떠오른 채 편지로 쓴 것은 내용이 부족하거나 반대로 불필요한 것을 쓰거나 철자를 틀리게 쓰거나 논지가 불분명한 일이 자주 있기 때문입니다. 그런데도 상대에게 실례인 표현이 없는가를 점검하는데는 되풀이해서 읽는 것만으로 끝냅니다. 약간 실례된 발언이라도 말로 한 것이라면 곧 그 뒤에 정정할 수 있지만 편지에 써서 남겨 놓으면 간단히 돌이킬 수 가 없기 때문입니다.

또 여사는 쓴 편지는 하루 정도 방치할 것을 권장하고 있습니다. 특히 흥분해서 쓴 편지등은 하루가 지나면 정정하고 싶게 되는 일이 자주 있기 때문입니다.

2. 크리스마스 카드의 주의 사항

한국의 연하장 습관과는 달리 크리스마스 카드는 크리스마스 전에 도착하도록 해야 합니다.

미국에서는 추수 감사절(Thanksgiving Day-11월의 네 번째 목요일)이 지나면 언제 보내도 좋도록 되어 있습니다. 빨리 도착된 카드는 그것만 오랫동안 실내를 장식하여 사람의 마음을 부드럽게 해주게 마련입니다.

그래도 크리스마스가 지나면 정리되어 버리기 때문에 늦게 보내면 아무것도 안되는 것입니다. 이 점 한국의 연하장과 취급 방법이 다르니 주의합시다.

또 크리스마스 카드는 평소 직장 등에서 얼굴을 대하고 있는 사람에게는 보내지 않는 것이 통례로 되어 있습니다. 이 점도 우리들 한국인에게는 주의해야 할 것입니다. 일반적으로 부하가 상사에게 카드를 보내는 것은 좋지 않은 일로 되어 있기 때문입니다. 한국의 관습을 이해하고 있는 외국인이라면 오해를 살 일도 없다고 생각하지만 일반적으로 부하가 상사에게 크리스마스 카드를 보내는 것은 아무래도 아첨을 한다고 하는 나쁜 일상을 주는 모양입니다.

3. 주요 병명에 대해

· 감기 cold
· 건초열 hay fever
· 독감 influenza
· 충수염 appendicitis
· 기관지염 bronchitis
· 암 cancer
· 폐렴 pneumonia
· 홍역 measles
· 천식 asthma
· 신경증 neurosis
· 심장병 heart disease
· 눈병 eye disease
· 알레르기 allergy

4. 공식적인 초대장에 대해

서간문은 최근에는 자연스럽고 이야기하는 듯한 문체가 좋다고 하나 초대장의 문체만은 틀에 박힌 형태가 남아 있습니다. 공식적인 초대장은 3인칭으로 쓰기 시작해야 합니다.

답장의 경우에도 초대장과 마찬가지로 격조 높은 문체를 사용해야 합니다. 이 초대장에는 발신인의 주소나 서문의 Dear~의 형식, 더구나 결구인 Sincerely yours, 같은 형식은 필요 없습니다. 또 본문에는 초대의 목적, 장소, 시간을 확실하게 명시하여야 합니다.

초대장은 편지의 형식과 카드의 형식이 있으며 어느 것이고 봉투에 넣어서 보냅니다. 초대장을 보내는 것은 2주 전 정도가 가장 좋을 것입니다. 답장은 수취한 후 적어도 2일 이내에 보냅니다.

답장을 원한다는 점을 특별히 문면에 명시하지 않았어도 답장을 하는 것도 예의입니다. 특히 결석의 답장은 급히 해야 합니다. 상대가 당신의 결원을 보충할 필요가 있기 때문입니다.

답장을 원하는 경우에는 예의도 있는 것 같이 왼쪽 아래 귀퉁이에 한마디 써 놓습니다. 또 오른쪽 아래 귀퉁이에 Dancing 또는 Bride등으로 쓰는 일이 있는데 이것은 파티의 목적을 알리고 있는 것으로 해석합니다. At home이라는 것은 극히 홀가분한 파티이며 반드시 자택에서 행하는 것으로 한정되지는 않습니다.

5. Congratulations의 사용법에 대해

어떤 에티켓 책에서도 지적되는 것이지만 약혼 축하나 결혼 축하를 할 때 여성에 대해서 Congratulations라고 말하면 안됩니다. '잘되었군요.', '운이 좋았군요.' 라는 뉘앙스가 이 말에 포함되어 있기 때문입니다. 마찬가지로 lucky라는 말도 남성에게만 쓸 수 있습니다.

단, 두 사람 함께하면 Congratulations라고 말할 수 있다는 점을 덧붙여 둡니다.

6. 사례의 관습에 대해

구미인은 동양인에 자주 말하는 '일전에는 참으로 고마웠습니다.' 라는 표현을 쓰지 않습니다.

즉, Thank you for the last time.이라고는 하지 않는다는 것입니다. 신세를 지거나 선물을 받은 시점에서 충분히 답례를 하므로 다음에 만났을 때에 또 답례를 하는 것은 상대의 비위를 맞추는 것 같아서 부자연스럽다는 것이 구미인의 감각입니다.

그러나 동양인은 호의를 받은 시점에서 답례의 인사를 해도 다음에 만났을 때 다시 한번 사례를 하지 않으면 인간관계가 부드럽게 흐르지 않습니다. 이것이 소위 문화의 장벽이겠지만 구미인의 이 답례 편지 습관은 어떻게 생각하면 좋을까요? 입으로는 말하지 않는 대신 즉석에서 답례 편지로서 새삼스럽게 감사의 뜻을 표하는 것이 구미적인 것인가 합니다.

7. 근황을 전하는 편지의 주의 사항

근황을 전하는 편지이므로 무엇을 해도 좋다고 생각하기 쉽지만 역시 지켜야 할 몇 가지 규칙이 있습니다.

앞에 소개한 와트슨 여사는 다음과 같은 주의를 하고 있습니다.
(1) 병을 지나치게 화제로 삼지 말 것.
(2) 자신의 자녀 이야기를 길게 계속하지 말 것.
(3) 가정 내의 고민이나 사업의 부진을 다루지 말 것.
(4) 사용인을 푸념하지 말 것.
(5) 나쁜 소식은 되도록 피할 것.
(6) 그리고 특히 주의하여야 할 것은 '서문' 부분으로 상대방에게 충격을 줄 만한 것은 쓰지 않는 것입니다.

'뉴욕에서 돌아오는 길에 심한 자동차 사고에 말려들었습니다.' 등으로 쓰지 말고 '뉴욕에서의 3주간은 실로 재미있게 보냈습니다. 대단히 좋은 추억이 될 것입니다. 돌아올 때 또 한 번 예상외의 스릴을 맛보았습니다. 경미한 사고였으며 전원 무사하니 안심해 주십시오.' 등으로 쓰는 것이 예의를 차릴 줄 아는 사람의 편지라고 할 수 있습니다.

8. 선물에의 답례 편지의 주의 사항

약혼이 성립되고 결혼식 안내가 발송되면 친구들로부터 계속해서 축하 선물이 도달합니다. 선물은 신부 앞으로 보내는 것이 습관으로 되어 있으므로 답례 편지는 신부가 모두 써야 합니다.(결혼기념일 축하에의 답례 편지를 부인이 쓰는 것과 비슷합니다.) 결혼식을 앞두고 여러 가지로 바쁜 매일이므로 이것은 신부로서는 꽤 부담이 되게 마련입니다. 구미의 현명한 신부들은 gift book이라는 것을 갖고 있어서 받은 날짜, 보낸 사람의 주소, 성명, 선의 내용, 답례 편지를 보낸 날짜 등을 기록해 둡니다.

9. 문상 편지에 대해

앞에서도 기술한 바와 같이 문상 편지는 몹시 쓰기 힘든 편지입니다. 문상을 하는 요령은 슬퍼하는 친구의 손을 꽉 쥐는 느낌이 드는 것이라고 어떤 책에서 읽은 일이 있습니다. 너무 말수가 많으면 애쓴 느낌이 전달되지 않습니다. 결코 요양 중의 일이나 수술 중의 일등은 화제로 삼지 말아야 합니다. 동정하고 있음을 말수 적게 전달하는 일이 중요합니다.

구미에서는 친구 사이뿐만 아니라 거래선의 가정에서 일어난 불행의 경우에도 문상 편지를 보내는 습관이 있으며 이때는 다소 거리를 둔 형태, 즉 Dear Mr.~로 쓰기 시작하고 본문의 이름에도 Mr.~라고 경칭을 붙이고 마지막에 Sincerely yours,의 결구를 가져오면 지금까지 소개한 문상 편지의 내용을 그대로 사용할 수 있습니다.

10. 사과 편지의 주의 사항

인간은 완전한 생물이 아니므로 잘못이나 실수 등 때문에 사죄의 편지를 써야 할 일이 반드시 있게 마련입니다. 사죄 편지에서 주의할 것은 두 가지가 있습니다. 첫 번째는 솔직히 실패를 인정하고 사죄한다는 것입니다.

단, 그저 I am sorry만이 아니고 그 원인으로 된 사정을 써야 합니다. 그때 because I forgot it.등으로 상대를 불쾌하게 하는 이유는 들어서는 안됩니다. 상용 등 납득이 가는 이유를 찾아야 합니다. 두 번째는 앞으로 자신은 어떻게 해서 변충하는가를 명기한다는 것입니다.

11. 패밀리 비즈니스 레터에 대해

구미의 사회는 전에 기술한 바와 같이 한국에 비하면 훨씬 편지를 존중하는 사회입니다. 한국에서는 전화로 끝낼 수 있는 일이라도 문서를 하지 않으면 결말이 나지 않는다는 일이 자주 일어납니다. 예를 들면 다음 페이지에서 다루는 불만이 있어서도 전화로 해서는 좀처럼 해결되지 않습니다. 증거로 남는 편지로서 불만을 밀하고 그래도 상대가 움직이지 않으면 전의 편지 카피를 동봉해서 '이만큼 항의하고 있는데 당신은 성의를 보여 주지 않는다.'고 심하게 강요하지 않으면 쉽사리 책임자의 무거운 엉덩이를 들 수 없을 것입니다.

또 학교에 자녀를 다니게 하거나 조퇴 등을 시키고 싶을 때에도 전화로는 응해 주지 않는 일이 있습니다. 한때 어린이 유괴 사건이 많이 발생해서 학교측이 신경이 곤두서 있기 때문인지도 모르지만 정식의 신청은 모두 편지로라도 하는 편지 중시의 사회 풍조에서 나오고 있는 것이라고 생각하는 편이 타당할 것 입니다.

이러한 이유로 한글로도 거의 편지를 쓰지 않게 된 사람들이 영어로 편지를 써야 한다는 것은 약간 성가신 일이라고 생각할지도 모르니 지금부터 소개하는 몇 개의 기본 패턴을 이용해서 편지 존중의 구미 사회에 조금이라도 쉽게 융화하기를 바랍니다.

12. 신청서를 쓸 때의 주의 사항

(1) 현재 직장의 불평을 쓰지 말 것.

(2) 강요하듯 하지 말 것.

(3) 평이한 단어를 사용할 것.

(4) 자신의 능력에 맞지 않는 직종은 피할 것.

(5) 관계없는 사항을 장황하게 쓰지 말 것.

(6) 자신의 요구나 희망을 표면에 너무 내걸지 말 것.

(7) 당신이 쓴 것이 타인의 것과 비교해서 독창적이고 매력적일 것.

결국 읽는 사람의 주의를 독점할 수 있다고 확신할 때까지 몇 번이고 고쳐 쓰는 것이다.

Plus Plus 영문 서한서식 작성법 *45*

2005년 6월 10일 초판 발행

편저 이정식
펴낸이 윤여득
펴낸곳 조은문화사
펴낸곳 서울특별시 성북구 보문동 4가 91-4호
등록 1980년 7월 12일 · 등록번호 제6-27호
전화 02-924-1140, 1145
팩스 02-924-1147
홈페이지 http://choun.co.kr
이메일 choun@choun.co.kr

책값은 표지의 뒷면에 있습니다.

ISBN 89-7149-350-X 03740